Direito do Trabalho e Populismo: De Vargas a Bolsonaro

Direito do Trabalho e Populismo: De Vargas a Bolsonaro

Antonio Rodrigues de Freitas Júnior

LACIER

LACIER

Lacier Livraria e Editora
www.livrarialacier.com.br

Rua Doutor Quirino, 808 – Centro
CEP 13015-081 – Campinas, SP – Brasil

Setembro, 2022

Diretor: *Lacier José de Rezende*
Diretor assistente: *Eduardo Soares Aureliano*
Projeto de capa: *Fabio Giglio*
Projeto gráfico e editoração eletrônica: *Peter Fritz Strotbek – The Best Page*

Ficha Catalográfica

Dados Internacionais de Catalogação na Publicação (CIP)
(Câmara Brasileira do Livro, SP, Brasil)

Freitas Júnior, Antonio Rodrigues de
Direito do trabalho e populismo : de Vargas a Bolsonaro / Antonio Rodrigues de Freitas Júnior. — Campinas, SP : Lacier Editora, 2022.

Bibliografia
ISBN 978-65-88805-34-3

1. Brasil — Política e governo 2. Ciências políticas 3. Direito do trabalho 4. Populismo — Brasil I. Título.

22-125072 CDU–34.213

Índices para catálogo sistemático:

1. Populismo : Ciências políticas 324.213

CAline Graziele Benitez – Bibliotecária – CRB-1/3129

Sumário

"A alma é divina e a obra é imperfeita.
Este padrão signala ao vento e aos céus
Que, da obra ousada, é minha a parte feita:
O por-fazer é só com Deus."

(PESSOA, 1976)

Apresentação

Retorno também nesta ocasião para colher fragmentos dos cristais que se desfizeram a partir dos anos 1970.

Não o faço, porém, isento de angústia nem de incertezas; alguma melancolia talvez pudesse confessar. Incertezas quanto ao nosso momento, quanto às próximas quadras da vida de nosso planeta, e angústia relativamente ao que o direito pode contribuir para tornar esse horizonte menos injusto e ameaçador.

Com as crises no preço do petróleo promovidas pelo cartel da OPEP, iniciou-se no curso dos anos 1970 o declínio daqueles que foram os anos de maior crescimento, prosperidade do capitalismo, elevação da qualidade de vida e reconhecimento de direitos para os trabalhadores, sobretudo por meio da negociação coletiva: os anos compreendidos entre 1945 e 1975, que se tornariam conhecidos como os "trinta gloriosos".

Certamente esse fenômeno afetaria com maior intensidade a "Meca" da economia industrial e da grande indústria automobilística: os Estados Unidos da América, em especial a região que teve por centro gravitacional a cidade de Detroit — MI.

Cursando o *high school* em Flint — MI, em 1974, naqueles anos de prosperidade e na mesma região, animava constatar a eleição de prefeitos negros, como em Detroit, simbolizando o avanço da agenda antidiscriminatória uma década após a aprovação por Lyndon Johnson da *Civil Rights Act* em 1964. Por outro lado, eu assistia ao mesmo tempo, pelos noticiários locais, os quase diários episódios de depredação e incêndio nos ônibus que então foram obrigados por lei a transportar conjuntamente crianças brancas e negras para as escolas. O recente passado como palco de *apartheid* racial não seria superado apenas com afirmações legais de princípios — ainda que tenham sido e sejam essas sempre imprescindíveis.

Seria ainda mesmo necessária muita luta pela efetivação da pauta antidiscriminatória na "América". Por sinal, essa mesma luta política pela efetivação de direitos está presente em outros campos em que o direito é instado a afirmar valores morais, sob contraste com práticas estruturantes de desigualdade, injustiça e exclusão social.

Tenho para mim que essa associação entre afirmação de princípios e luta política por sua efetivação esteve sempre, como continua a estar, nas origens e na essência do direito do trabalho. A centralidade do escopo de proteção, em especial da pessoa do trabalhador no mundo do trabalho (na dicção da Organização Internacional do Trabalho — OIT), é a um só tempo uma afirmação de princípio e um vetor de orientação política.

A família que carinhosamente me recebeu durante o intercâmbio, cujo pai era um operário que cumpriu toda sua carreira como empregado da General Motors, desfrutava, para minha surpresa, de um padrão de vida de classe média: era uma, entre muitas famílias de operários de classe média. Para um jovem vindo de um Brasil sempre muito desigual e então dilacerado pelo regime militar, os qualificativos "operário" e "classe média" pareciam expressar uma recíproca excludência, se não ao menos um grave abismo entre ambos.

Nessa conciliação entre padrão de vida digno e identidade operária residira, talvez, um dos efeitos mais importantes e comemorados do modelo de desenvolvimento capitalista dos "anos gloriosos". Conhecido como Estado-Providência ou *Welfare State*, esse período marcaria a reunião, em uma só formação social, de cinco fatores político-econômicos intercomplementares que a ortodoxia liberal pareceu julgar inconciliáveis: 1) economia de mercado; 2) crescimento econômico; 3) distribuição de renda; 4) democracia política, e 5) protagonismo sindical.

Não quero com isso sugerir que esses fatores sejam facilmente harmonizáveis, nem que essa harmonia seja possível sempre, nem em qualquer lugar. Por sinal, ao falarmos de seu declínio já estamos reconhecendo que essa arquitetura não é fruto do acaso nem de um estágio permanente de amadurecimento econômico e institucional. Resultou da ousada e negociada política de concertação de diferentes atores econômicos e políticos, que foi possível graças ao fato de que tais atores estiveram, por diferentes motivos, naquele momento e naquela realidade econômica, dispostos a se compor.

Mas o ponto que desejo aqui realçar é que, malgrado o compreensível ceticismo de liberais e marxistas ortodoxos, essa reunião de fatores foi, sim, historicamente possível. Foi, sim, realizada por meio de instituições democráticas e representativas. E foi também, induvidosamente, promotora de justiça social e de realização de riqueza politicamente compartilhada.

Afirmar e demonstrar que isso foi possível — há não muito tempo, é bom que se diga — é sublinhar que existe evidência histórica e jurídica da compatibilidade essencial entre os cinco fatores político-econômicos que foram então reunidos.

O pacto do *Welfare State* ou Estado-Providência não foi uma doutrina jurídico-constitucional nem uma ideologia — conquanto tivesse produzido impacto sobre ambas.

É preciso distinguir, por exemplo, a doutrina do constitucionalismo social da formação social do Estado-Providência. Ainda que ambas tenham coincidido e de algum modo se complementem, assim como ocorreu por exemplo com a teoria política keynesiana, o Estado-Providência não foi uma doutrina. Foi uma formação social concreta, historicamente identificável, prevalente por décadas na Europa continental, na Grã-Bretanha, na Escandinávia, nos Estados Unidos da América, e com algumas diferenças também no Japão. Apesar dos golpes que sofreu sob o signo da reabilitação das doutrinas de liberalismo ortodoxo, a partir dos anos 1980, a experiência do Estado-Providência deixou ainda importantes legados em variados campos, como no da seguridade social, da saúde, da educação e especialmente no das instituições democráticas, tangíveis ainda em nossos dias.

* * *

Nos anos 1970 Flint era uma cidade acolhedora. Multirracial, heterogênea, e com uma larga e reverenciada tradição de luta sindical que remonta à celebre *sit-down strike* de 1934. A cidade, cuja população hoje foi reduzida a um terço do que fora então, vive a astenia de um ciclo econômico que parece ter chegado à exaustão.

Recordar os tempos de sua vitalidade e pujança, refletir sobre o significado e as causas de seu esgotamento, são duas formas de pensar, nas crises, as oportunidades que porventura possam se entreabrir para o direito do trabalho. Naturalmente que não me refiro apenas ao direito do trabalho do meio-norte estadunidense; tenho em conta que suas conquistas e suas crises ambientam o alcance de nossa capacidade de conjecturar e de fabular. Diversamente, quem sabe?

Não por deferência à temperança, mas em respeito ao pouco a que chegamos na compreensão dos desafios e das possibilidades de nosso tempo, o conhecimento acadêmico no presente é mais sensível a nuances e detalhes do que talvez tenha sido no segundo pós-Guerra.

Não apenas no campo do direito como no das ciências sociais aplicadas, o cenário é felizmente de baixa assertividade e moderadas convicções: os balanços parecem sentir o golpe de tantos e tão reiterados insucessos, desilusões e constatações. Só para lembrar os mais relevantes em nosso pequeno intervalo moderno: tropeçamos com a antropologia imperial britânica no século XIX, com a utilização da física do átomo para a fabricação da bomba, e com a promoção, pelas autoridades estadunidenses, de programas voltados à manipulação política por meio da produção de diagnósticos e de cenários para ações no âmbito da chamada "guerra fria".

Essa não é uma afirmação confortável. Com efeito, reconhecer a modéstia de nossos resultados para compreender a economia capitalista e suas relações de trabalho, nesse desconcertante intervalo, é algo pesaroso embora ao mesmo tempo necessário.

Oxalá as páginas que se seguem sejam capazes de sugerir atalhos que, partindo desse reconhecimento, aproximem-nos de proposições que nos proporcionem alguma responsável esperança e, muito especialmente, como deve ser próprio a um trabalho acadêmico, consiga acrescentar ângulos adicionais que iluminem nossa compreensão desse fenômeno.

* * *

Nessa trajetória tive a fortuna de poder contar com o apoio e sobretudo com muita compreensão de muita gente. Pessoas que, em alguma medida, encontram-se mais ou menos reconhecíveis pela perspectiva com que eu as vejo neste trabalho — ainda que não seja essa uma percepção compartilhada por elas próprias.

Quem não é do ramo pode ter a sensação de que se trata de uma "lista de lavanderia", para empregar uma fórmula anedótica de gosto duvidoso, conquanto ainda frequente. Não é bem assim. Por vezes, por não raras vezes pequenas observações, inexplicados silenciamentos, críticas sutis, ruidosas manifestações de aprovação seguidas por funestos desenganos, balizam nossas interlocuções de modo a povoar, de arcanjos e fantasmas, o imaginário que assombra a tecitura do texto e o ambiente do diálogo acadêmico. Por tudo isso cada momento de contato com nossos pares, encorajando ou retraindo, participa do movimento de nossa angústia criativa e de nosso dilacerante dia a dia de trabalho.

Começo mencionando meus familiares: foram eles seguramente as primeiras vítimas das renúncias a elas impostas para a realização deste trabalho. Falo de minha amada e altiva esposa Célia Regina Zapparolli, que nessas horas encontra energia para aplacar meus destemperos, socorrendo-me quando minha ausência se impõe; de minha adorada filha Antonietta (cuja vinda fez de minha vida a descoberta de uma nova aventura); de minha querida e cúmplice irmã Riva Freitas (em cujo estúdio, de Florianópolis, escrevi e tenho escrito boa parte destas e de outras páginas – não sem seu protesto); e de Daniele Aires, que de longe patrulha as impropriedades de minhas incursões informáticas, sugerindo-me discreta e carinhosamente atalhos para superá-las.

Preciso anotar minha imensa gratidão aqui pela revisão atenta e competente do jornalista e jurista Paulo Fernando Nogueira Cunha; não sem ao mesmo tempo registrar que os equívocos que restaram devem ser debitados em minha conta, exclusivamente. Paulo foi um interlocutor e um entusiasta relevante para este trabalho; que fique o registro de meu reconhecimento por mais esta contribuição dele recebida.

Na mesma conta fique o reconhecimento da minha incapacidade de tirar o adequado proveito — muito em função da exiguidade de tempo para tanto — das sugestões, críticas, correções e objeções que recebi de meus amigos — antigos e atuais alunos e orientandos, cuja proximidade dá-me renovado sentido e razão para a escolha deste ofício. Sei que omitirei alguns, mas levando em conta em particular os que comigo dialogaram sobre o tema específico deste trabalho, não posso deixar de me referir a Rodrigo de Souza Rodrigues, Victor Raduan da Silva, Henrique da Silveira Zanin, Rodrigo Chagas Soares, João Renda Leal Fernandes, Bruno Takahashi, Lorena de Mello Rezende Colnago e Antônio Galvão Peres. Em particular, necessito registrar minha especial gratidão ao apoio recebido por minhas orientandas Cláudia Tejeda Costa, Clarissa Valadares Chaves e Maria Fernanda Antoneli Muniz, na organização das planilhas e na organização do material respeitante à revisão bibliográfica sistemática do populismo liberal-conservador que utilizo neste trabalho — sem elas esse material não alcançaria a visibilidade e explicitação que reputo importante para o balizamento dos argumentos dispendidos sobre o assunto.

Durante os anos em que mais recentemente venho tratando de temas examinados neste trabalho — no todo ou em alguns de seus fragmentos — pude contar com o encorajamento, incontáveis sugestões e estimulantes questionamentos de colegas com os quais, no Brasil e no exterior, tenho desenvolvido parcerias e projetos comuns.

Falando do Brasil e, de novo, correndo o risco de imerecidos esquecimentos, tenho em mente colegas e amigos como Jorge Cavalcanti Boucinhas Filho (FGV-SP e Mackenzie), Marco Aurélio Serau Junior (Universidade Federal do Paraná), Luciana Aboim Machado Gonçalves (Universidade Federal de Sergipe) e Guilherme Sampieri Santinho (Universidade Federal do Mato Grosso do Sul) — quatro de meus talentosos ex-orientandos que seguiram na carreira acadêmica; Ana Virgínia Moreira Gomes (UNIFOR); Roberto Fragale Filho (Universidade Federal Fluminense); Maria Tereza Sadek (DCP-FFLCH-USP); Fernanda Tartuce (FAIDSP e EPD); Wilson Aparecido Costa de Amorim (FEA-USP); Maria Hemília Fonseca e Jair Aparecido Cardoso, ambos da Direito USP-Ribeirão Preto.

A eles devo acrescentar alguns colegas de outros departamentos da Faculdade, com os quais venho trabalhando ou dialogando mais intensamente sobre os problemas aqui examinados. Não posso me esquecer, entre esses, de Carlos Alberto de Salles; Diogo R. Coutinho; Jean Paul C. Veiga da Rocha; Masato Ninomiya; Kazuo Watanabe; Alberto do Amaral Jr.; Guilherme Assis de Almeida; André de Carvalho Ramos e José Eduardo Faria.

Aos colegas de outros países, parceiros e interlocutores em diversos momentos de reflexão e de acúmulo sobre temas aqui desenvolvidos, fica também a imensa gratidão e a expectativa de que breve possamos nos rever exatamente como nos conhecemos: *face-to-face*. Meu especial e nominal agradecimento é confiado aos colegas e amigos: Lance Compa, Maria Lorena Cook, Virgina Doellgast, Ian Greer e Risa Lieberwitz (todos da *Cornell University — ILR)*, Elisabeth Tippett (*University of Oregon*), Evance Kalula (*University of Cape Town* e Presidente do Comitê de Liberdade Sindical da OIT); Augustus Bonner Cochran III (*AgnesScott College*); Takashi Araki (Universidade de Tóquio); Monica MC Britton (*Università del Salento – Lecce*); Akiyo Shimamura e Daniel Machado (*Rikkyo University*); Stanley Gacek (*UFCW Senior Advisor* em Washington e Ex-Diretor do Escritório da OIT em Brasília); Augustin Émane (*Université de Nantes*); Yolanda Sanchez Uran Azana (*Universidad Complutense de Madrid*); Julia Louise Tomassetti (*City University of Hong Kong School of Law)*; Tonia Novitz (*University of Bristol Law School*) e Jeremias Prassl (*Faculty of Law at University of Oxford* e *Magdalen College)*.

Não seria lícito tampouco omitir o elevado nível de debates e de reflexões que compartilhei junto à Comissão Especial de Direito do Trabalho da Ordem dos Advogados do Brasil – SP, com Jorge Pinheiro Castelo, José Francisco Siqueira Neto e Adriana Calvo Pimenta entre tantos outros advogados com os quais pude travar um proveitoso intercâmbio intelectual, que me ajudaram a decantar alguns aspectos relevantes dos argumentos aqui desenvolvidos durante os anos de 2019 a 2021.

A todos e todas registro meu sincero reconhecimento e minha gratidão; reservando é claro, exclusivamente para mim, os equívocos e as imperfeições que porventura tenham sido cometidos.

1. Introdução

Contrariando a tradição da grande empresa fordista[1], caracterizada entre outros fatores pela busca por autossuficiência de estoques e insumos, como estratégia de sobrevida e de resposta às crises cíclicas da economia capitalista no decorrer do século XX, a empresa emergente sob o signo de sua exaustão vem se orientando crescentemente, segundo Weil (2014), pela Teoria do Foco na Competência (*Core Competency*).

Essa "teoria", ou talvez mais propriamente, essa doutrina, é hoje prevalente junto a consultores e gestores de empresas em diversos setores de atividade, mercê das expectativas e condicionantes por resultados imediatos impostas por investidores e altos executivos.

No que mais importa, a ênfase pelo "foco na competência" está associada à ideia de que a empresa será tanto mais competitiva quanto menor seja seu tamanho, mais reduzido seja o número de trabalhadores diretamente empregados e quanto mais se mostre capaz de se definir e de ser reconhecida, por seus parceiros, clientes, fornecedores e especialmente por seus investidores, como detentora de excelência e competitividade em determinado produto ou atividade.

Esse etos de extremada e crescente busca por eficiência e segmentação aponta na direção de uma nova vaga de mercantilização (*commodification*) do trabalho, oito décadas passadas da fundação do sistema de regulação juslaboral na experiência jurídica brasileira. Um sistema de regulação, ou de "proteção" como seria chamado, que teve no direito do trabalho seu roteiro de implantação, seguindo os traços da engenharia institucional corporativista e estatista que caracterizaria o populismo modernizador da primeira Era Vargas.

Desde o primeiro ano à frente do Governo Vargas os jovens idealizadores das políticas do recém-criado Ministério do Trabalho, Indústria e Comércio — MTIC[2], o denominado "Ministério da Revolução"— ocuparam-se de pôr em marcha um gradual e progressivo itinerário de implantação da legislação trabalhista e sindical. Em seu conjunto,

(1) Para a maneira pela qual proponho a aglutinação de elementos conceituais e analíticos próprios ao que se convencionou chamar de crise do "modelo fordista" de empresa, em alusão à grande produtora de veículos fundada por Henry Ford, intimamente relacionada à crise do projeto de crescimento econômico e de distribuição de renda característico do "pacto político" do Estado-Providência (*Welfare-State*), retorno a Freitas Júnior (1994, p. 160-173; 1997, p. 80-93; 1999, p. 79-103 e 2014, p. 62-80).

(2) Tenho em mente aqui as figuras de Lindolfo Collor, Salgado Filho, Joaquim Pimenta, e o mais notável entre eles: Francisco José de Oliveira Vianna.

essa legislação fora implementada para dar sustentação e controle políticos ao projeto nacional de modernização conservadora[3] da Revolução de 1930.

Por um olhar diametralmente oposto àquele que predominou nas três décadas de ortodoxia liberal da Primeira República, desde os movimentos iniciais em direção à implantação do juslaboralismo de Vargas ficaram nítidos alguns dos fundamentos que presidiriam o sentido e o alcance de sua legislação trabalhista e sindical: 1) reconhecimento e centralidade da noção de "proteção" do trabalhador "hipossuficiente", fosse ante o poder diretivo do empregador, fosse ante os efeitos da incapacidade laboral efetiva ou presumida; 2) recriação pelo Estado do sistema de organização sindical, voltado a suceder o legado organizativo do anarquismo e do incipiente movimento sindical comunista; 3) execução de ações para organização de sindicatos oficiais protagonizadas por agentes do Estado, fortalecidas por favores estatais veiculados sob a forma de "prerrogativas", invariavelmente reservadas em caráter monopolístico aos sindicatos recém-criados sob o manto do "trabalhismo" governamental; e 4) estatização dos meios de solução de conflitos entre o capital e o trabalho, recolhendo-os para o interior da burocracia do MTIC e mais tarde da Justiça do Trabalho, quer em sua origem administrativa, quer em sua posterior dimensão judiciária[4].

A modernização populista da primeira Era Vargas promoveu assim, para o que aqui importa ressaltar: 1) a construção de um tecido institucional sofisticado, dotado de variadas instâncias de mediação política, e estrategicamente idealizado para viabilizar o projeto nacional de Vargas; e 2) a superação da crença liberal de que o trabalho pudesse remanescer, à semelhança das mercadorias típicas, infenso à agenda de intervenção estatal. Nesse passo surgem assim duas importantes inovações.

Em primeiro lugar, tratou-se de executar um projeto populista ocupado com a construção de um sistema de mediação institucional voltado à regulação das relações de trabalho, viabilizando ações estatais tendentes à cooptação, à manipulação e ao controle dos atores sociais relevantes, em especial trabalhadores e empresariado organizados. Vale dizer: um projeto de "construção de ferramentas de mediação institucional" para governar, antes que de "destruição de instituições de mediação política" objetivando fragilizar opositores e descontentes.

(3) Para a noção de "modernização conservadora" v. Collier (1978), por sua competente concisão, especialmente a partir do seminal trabalho de O'Donnell (1973), que entreabriu um novo olhar sobre o tema da modernização em suas relações com a democratização institucional, com foco especialmente na experiência de alguns países da América do Sul.

(4) Discuto extensamente o itinerário em Freitas Júnior (1989; 2014-a), focalizando os protagonistas e as estratégias de implementação do sistema trabalhista de Vargas, apoiando-me na literatura então orientada para a reabilitação do conceito de corporativismo, presente em antigos escritos do romeno Mihaïl Manoïlesco nos anos 1930 (1934; 1937), especialmente os trabalhos, entre outros, de Philippe Schimitter (1974; 1977), e os reunidos numa coletânea primorosa por Marco Maraffi (1982).

Em segundo, esse populismo implementaria um sistema de regulação do trabalho por meio do Estado, e nessa medida crescentemente "desmercantilizada" (*decommodified*). Curiosamente, uma política de "desmercantilização" (*decommodification*) do trabalho, contemporânea à da experiência do *New Deal* norte-americano, mas ao mesmo tempo com ele tão contrastante. A experiência brasileira apostava todas as iniciativas na regulação heterônoma das relações individuais de trabalho: 1) diretamente pelo Estado; 2) por meio de disposição legal e administrativa; 3) assegurado o estrito controle da organização e da atuação dos sindicatos de trabalhadores e das organizações empresariais. Já nos Estados Unidos da América (EUA), a Lei Nacional de Relações de Trabalho de 1935 (*National Labor Relations Act — NLRA*), também conhecida como *Wagner Act*, fora concebida com fundamento: 1) na garantia da liberdade sindical e na coibição de condutas sindicais "desleais" (*unfair labor practices*); 2) na função distributiva da negociação coletiva de trabalho; e 3) na regulação das relações individuais de trabalho por meio dos acordos coletivos de trabalho (*collective bargaining agreements*).

E nisso vão desde já sublinhadas as duas premissas teóricas estruturantes deste trabalho.

Uma primeira, consistente no reconhecimento de que o populismo de Vargas, à semelhança de outras experiências político-institucionais contemporâneas suas, construiu um juslaboralismo dotado de instituições de mediação próprias (sindicatos oficiais, lideranças, MTIC e outras) para governar; numa direção bastante oposta àquela que orientará o populismo de extrema direita (*far-right populism*) dos anos 2010, devotando suas energias para destruir ou desqualificar instituições de mediação e de representação políticas com o propósito de neutralizar opositores e descontentes.

Já a segunda premissa teórica é baseada no conhecido argumento de Karl Polanyi, celebrizado em sua obra mais conhecida, "A Grande Transformação", de 1944, segundo o qual o trabalho, assim como a terra e a moeda, diversamente de outras mercadorias típicas, ainda que porventura parcialmente mercantilizadas, não foram criados para a venda no mercado. Denominando-as mercadorias fictas, Polanyi procurou assim chamar a atenção para dois de seus atributos específicos, em razão dos quais elas não se prestam à regulação alheia ao controle do Estado: 1) sua relevância moral e 2) o caráter "utópico" da crença na sua aptidão para a regulação exclusivamente por via do mercado. Em uma de suas célebres passagens sobre o tema, o economista vienense inaugura o capítulo 21, intitulado "Liberdade numa sociedade complexa", com a seguinte interpretação sobre a etiologia do declínio do que chamou de "civilização do século XIX":

A civilização do século XIX não foi destruída pelo ataque externo ou interno dos bárbaros; sua vitalidade não foi minada pelas devastações da Primeira Guerra Mundial nem pela revolta de um proletariado socialista nem de uma classe média baixa fascista. Seu fracasso não foi o resultado de algumas supostas leis da economia, como a da queda da taxa de lucro, de subconsumo ou de superprodução. Desintegrou-se por um conjunto de causas inteiramente diferentes: reações que a sociedade adotou para, por sua vez, não ser aniquilada pela autorregulação do mercado. Além de circunstâncias excepcionais, como as que existiam na América do Norte na era da fronteira aberta, o conflito entre o mercado e as exigências elementares de uma vida social organizada deu ao século sua dinâmica e produziu erosões e tensões típicas que acabaram por destruir aquela sociedade. (versão nossa para este e os próximos fragmentos em idioma estrangeiro).(5)

A premissa teórica subjacente ao diagnóstico de Polanyi, por sinal, converge inteiramente com um princípio constitutivo da própria Organização Internacional do Trabalho (OIT), constante do título "I – a)" da Declaração de Filadélfia de 1944: "A Conferência reafirma os princípios fundamentais em que a Organização é baseada e, em particular, que trabalho não é mercadoria"(6).

Passemos à explicitação do tema específico deste trabalho.

1.1. O tema

Não surpreende que o termo "populismo" seja tão disputado, controvertido e não raras vezes empregado para designar um amplo e variado conjunto de experiências políticas concretas, ideologias, e também com frequência, usado para conotar estilos pessoais de comunicação política ou personagens políticas concretas que reúnem certas características estéticas e retóricas específicas.

Também associado à ideia de carisma. Nem sempre como equivalente semântico para a conhecida acepção weberiana; ou seja, como um tipo de dominação promotor de mudanças políticas profundas e radicais, legitimadas pela associação da autoridade à pessoa específica de um determinado líder político ou religioso. Em geral a correlação entre as noções de carisma e populismo exibe uma correspondência mais imprecisa: algo como a capacidade da política ou de políticos moverem-se pela aptidão de seduzir, de encantar e de galvanizar pessoas ou grupos, em torno de ideias ou objetivos que sem ela estariam dispersos e inertes.

---

(5) No original: "Nineteenth-century civilization was not destroyed by the external or internal attack of barbarians; its vitality was not sapped by the devastations of World War I nor by the revolt of a socialist proletariat or a fascist lower middle class. Its failure was not the outcome of some alleged laws of economics such as that of the falling rate of profit or of underconsumption or overproduction. It disintegrated as the result of an entirely different set of causes: the measures which society adopted in order not to be, in its turn, annihilated by the action of the self-regulating market. Apart from exceptional circumstances such as existed in North America in the age of the open frontier, the conflict between the market and the elementary requirements of an organized social life provided the century with its dynamics and produced the typical strains and stresses which ultimately destroyed that society" (POLANYI, 2001, p. 257).

(6) No original: "The Conference reaffirms the fundamental principles on which the Organization is based and, in particular, that (a) labour is not a commodity" (ORGANIZAÇÃO INTERNACIONAL DO TRABALHO, 1944). Uma retrospectiva desse e de outros princípios constitutivos e orientadores das políticas da OIT encontra-se nos artigos reunidos por Gomes e Freitas Júnior (2014) num balanço sobre os quinze primeiros anos da Declaração de 1998 da OIT sobre Princípios e Direitos Fundamentais no Trabalho.

Voltarei no capítulo terceiro para um exame mais pormenorizado dos fenômenos e dos principais conceitos com relação aos quais o termo "populismo" tem sido utilizado.

No breve espaço destas linhas introdutórias necessito apenas, desde já, explicitar com que acepção o termo "populismo" será empregado neste trabalho. Numa apressada síntese, por "populismo", a partir especialmente de Mudde e Rovira Kaltwasser (2017, p. 6-9), Mudde (2004) e Canavan (2004), designo o conjunto de ideologias despojadas de conteúdo específico forte (*thin-centered ideology*), centradas no antagonismo pelo qual se contrapõe o "povo" – celebrado por seus predicados sublimes de pureza – às "elites" – em geral qualificadas como corruptas, decadentes e inconfiáveis – emulado e arbitrado por um "líder" a quem se atribui a missão de conduzir a "nação" para um destino superior.

Sustento aqui que esses principais traços ideológicos caracterizam algumas experiências políticas historicamente tangíveis, que podemos agrupar analiticamente em duas famílias que guardam entre si algumas semelhanças e profundos contrastes.

Uma primeira, que se tornou importante no Brasil e em outros países entre as décadas de 1930 e 1940, durante a qual se procedeu à incorporação controlada de camadas populares na arena política, num cenário de instável hegemonia política. A essa experiência política, conduzida sob o signo da ideologia populista, chamarei aqui de populismo corporativista (Vargas, Perón, etc.).

Uma segunda família de experiências políticas também inspiradas em ideologias populistas, que adquiriu importância e visibilidade entre os anos 2010 e 2020, embora se sustente na oposição do binômio "povo" *versus* "elite", caracteriza-se ainda pela desqualificação dos meios democráticos de representação e de mediação políticas. Ultraconservadoras no plano dos costumes, intolerantes com diversidades (nacionais, de gênero, religiosas, etc.), as experiências do populismo no presente fortalecem-se na sustentação de setores ultraliberais do empresariado, associando assim conservadorismo político e liberalismo econômico. A essa família de experiências populistas designo, à falta de melhor qualificativo: liberal-conservadoras (Trump, Bolsonaro, etc.).

Tratarei do detalhamento dessas duas famílias de experiência política mais adiante.

* * *

Como em escritos anteriores, aqui também será examinado o fenômeno do trabalho sob demanda realizado por pessoas em plataformas digitais, conquanto por uma perspectiva específica e diversa das que animaram as iniciativas anteriores.

Há diferentes modalidades de trabalho sob demanda em plataformas, assim como há também diferentes ângulos de observação pelos quais podem vir a ser examinadas.

Cabe desde já observar, contudo, que nos ocuparemos em especial do trabalho sob demanda via aplicativos, e não do fenômeno, também de trabalho sob demanda em plataformas, trivializado sob a denominação de *crowdwork*, para usar a nomenclatura preconizada por De Stefano (2016) e Aloisi e De Stefano (2018) já consagrada no âmbito da OIT.

Por outro lado, orientarei o olhar sobre duas experiências específicas, conquanto tudo indica satisfatoriamente paradigmáticas: o populismo corporativista da primeira Era Vargas e o populismo liberal-conservador dos anos 2010-2020, em especial aquele protagonizado por Bolsonaro. Cada uma delas, como vimos, correspondente às famílias de experiências políticas acima indicadas.

Por ora importa ressaltar que neste estudo as atenções estarão voltadas para o exame da maneira pela qual o fenômeno do trabalho sob demanda em plataformas digitais tensiona e é tensionado pelas duas vagas de experiência política populista no Brasil. Refiro-me novamente ao populismo do primeiro Vargas, aqui designado "corporativista", implementado entre nós durante os anos 1930 e 1940 – e àquele a que se convencionou chamar de populismo "de extrema-direita" (*far-right populism*), que aqui prefiro denominar populismo liberal-conservador, e que emerge na experiência brasileira a partir do impedimento da então Presidente Dilma Rousseff (31 de agosto de 2016). A partir desse marco, afirmam-se políticas de desregulação e de flexibilização da legislação trabalhista bem como de fragilização das organizações sindicais de trabalhadores; políticas que se tornariam conhecidas como a Reforma Trabalhista de 2017, promovidas sob a presidência de Michel Temer, antecipando um dos pilares de sustentação política do governo populista de Jair Bolsonaro.

Em síntese, cuida-se de examinar a maneira pela qual atuais demandas políticas por regulação jurídica do trabalho sob demanda em plataforma expõem, a um só tempo, as insuficiências do direito do trabalho que emergiu sob o populismo corporativista do primeiro Vargas, e os bloqueios derivados das políticas de "remercantilização" do trabalho, conduzidas pelo populismo liberal-conservador sob Bolsonaro.

1.2. O problema e as proposições preliminares

O tensionamento acima referido, entre o trabalho sob demanda em plataformas e as duas experiências populistas, parece induzir um processo de paralisia e de ambiguidade nas práticas legislativas relacionadas à política trabalhista em nossos dias.

Um primeiro momento de paralisia ou mesmo de bloqueio e interdição, com a revitalização da retórica hostil à regulação jurídica do trabalho e de suas instituições de efetivação, notadamente a Justiça do Trabalho e a Administração Pública no âmbito trabalhista.

Vejam-se nesse sentido inúmeras passagens de dispositivos introduzidos por meio da chamada Reforma Trabalhista, que já sinalizavam o propósito de interditar, pela explícita alteração da dicção legal, orientações jurisprudenciais vistas como indesejáveis para a "regulação" das relações trabalhistas pelo mercado. Afirma-se claramente uma ação permanente de deliberado e explícito confronto, de desqualificação ou de verdadeiro "desmonte" de fundamentos do juslaboralismo da Consolidação das Leis do Trabalho — CLT. Só para dar um exemplo da ousadia de tais iniciativas, relembremos aqui o ataque endereçado ao conhecido princípio da "prevalência da norma mais favorável", em caso de colisão entre disposições de contrato individual, normas coletivas e disposições legais.

No terreno da Administração, é simbólica a absorção, logo no início da gestão Bolsonaro, da estrutura e das atribuições do Ministério do Trabalho — legatário indiscutível do "Ministério da Revolução" de Getúlio — subsumindo-as ao então recriado e agigantado Ministério da Economia, a que a agenda do trabalho ficaria politicamente sujeita.

Pondo de lado quaisquer percepções que se advoguem acerca da necessidade de repensar as instituições do direito do trabalho no Brasil, parece não haver como refutar que esses movimentos foram promovidos ao evidente e explícito sabor da retaliação e do desapreço: um movimento intencional e confessadamente endereçado ao desmonte e à destruição das instituições do juslaboralismo legadas pelo populismo do primeiro Vargas. Como explicar a radicalidade e a centralidade dessa agenda para o populismo liberal-conservador do nosso tempo?

Mas destruição e desmonte do quê e por quê?

A primeira hipótese de que aqui se cogita, para tornar compreensível e analiticamente relevante a centralidade política desse movimento de "desmonte" e de destruição, é a de que, contrariamente ao populismo corporativista dos anos 1930-1940[7], o populismo liberal-conservador que se afirma nos anos 2010-2020 em diferentes países, como nos EUA sob Donald Trump e na Hungria sob Viktor Orbán (só para ficarmos em duas experiências marcantes), é um populismo de destruição.

Mas de novo: destruição do quê e por quê?

Das instituições de mediação das relações de trabalho, mas também de quaisquer outras que toldassem a imediatidade na interlocução direta do "líder" com o "seu povo", o "seu exército", o "seu Brasil", o "seu pessoal". Interlocução direta e sem a "balbúrdia" das mediações que caracterizam a atuação dos partidos, dos sindicatos, da imprensa, do Legislativo, dos demais entes da Federação, das universidades, da comunidade científica, das organizações não governamentais, dos coletivos organizados em torno da promoção da liberdade e da defesa de direitos humanos, de povos ancestrais, da diversidade de gênero e de costumes, do desarmamento de civis, da OIT, do Mercosul, etc. Instituições que, no mesmo passo, ficam reduzidas e submersas na retórica da separação binária da

(7) Que exibe semelhanças com experiências, algumas suas contemporâneas, como as de Juan Domingo Perón (1946-1952, 1952-1955, 1973-1974) na Argentina e Lázaro Cárdenas (1934-1940) no México. Voltaremos ao detalhamento do fenômeno mais adiante.

recíproca excludência entre "nós" e "eles". Pela feliz síntese de Faria (2021), recordemos algumas preciosidades simbólicas da retórica palaciana de Bolsonaro:

> "Eu respeito as instituições, mas devo lealdade apenas a vocês, povo brasileiro", disse o presidente da República na cidade de Itapira, em agosto de 2019. "Eu sou a Constituição", afirmou em abril de 2020, em frente ao Palácio do Planalto, em Brasília. "A temperatura está subindo. O Brasil está no limite. O pessoal [*sic*] fala que eu devo tomar providência. Eu estou aguardando o povo dar uma sinalização, porque a fome, a miséria e o desemprego estão aí", afiançou ele, na segunda quinzena de abril de 2021, também em Brasília.

Ainda acompanhando Faria (2021):

> Na dinâmica do jogo político, o presidente continua confundindo adversários com inimigos. Adversários contrapõem-se politicamente, mas respeitam o princípio da alteridade. Ou seja, sabem não apenas se colocar no lugar dos outros, mas, também, entendem que existem situações-limite — aquelas para além das quais as regras do jogo implodiriam com prejuízo para todos. Na visão bolsonarista, há uma simples caricatura do que dizia um dos juristas do regime nazista, o constitucionalista Carl Schmitt (1888-1985): quem não é amigo é inimigo; por isso, se o amigo não destruir o inimigo, corre o risco de ser destruído por ele.

Adota-se neste trabalho a proposição hipotética de que a ênfase no emprego da "interlocução direta" é precisamente o elemento que aproxima ambas experiências populistas aqui mencionadas: a do primeiro Vargas e a do liberal-conservadorismo de Bolsonaro.

De outra parte, também por hipótese, a proposição de que, contrariamente às ações de Bolsonaro, confinadas a atitudes de hostilidade, desqualificação e de destruição das instituições de mediação entre governantes e governados, o populismo do primeiro Vargas apostou simultânea e predominantemente na construção de instituições para mediações políticas entre governantes e governados. É bom que se destaque: instituições preferentemente sob seu controle, mas que fossem igualmente capazes de servir à viabilidade política e à consolidação de seu projeto de poder. Por outro lado, o êxito na sua arquitetura institucional permitiu que a retórica da "interlocução direta" fosse convertida em mero adereço estético para sedução e carisma de seu líder. Ao contrário da agenda eminentemente destrutiva, beligerante e regressiva de Bolsonaro, Getúlio, nos seus quinze primeiros anos de poder, construiu de modo paciente e agregador, o tecido institucional para um Brasil que se tornaria urbano, industrial e moderno. Um legado institucional que, malgrado certo vezo autoritário e demasiadamente estatista, subsiste até hoje como edifício a ser adaptado para ambientes democráticos (FREITAS JÚNIOR, 2021).

Reconheça-se que o diapasão de destruição e de hostilidade de Bolsonaro também esteve presente em iniciativas promovidas noutros campos, como no da proteção ambiental, das populações ancestrais, no da diversidade de gênero e de costumes, no do desarmamento civil, no do acatamento das evidências da ciência e no do respeito à autonomia acadêmica; só para ficar nos pontos mais histriônicos da retórica presidencial. Contudo, pondo de lado talvez apenas as eloquentes hostilidades e ameaças endereçadas ao controle constitucional do Supremo Tribunal Federal —compreensíveis ante a respectiva proeminência política na preservação das instituições democráticas — fica difícil pensar outro terreno em que alterações formais na lei e no regramento administrativo tenham ido tão longe, como o foram aquelas direcionadas ao desmonte do protecionismo juslaboral da CLT, ao combate aos sindicatos de trabalhadores, aos protagonistas do diálogo social, aos partidos que verbalizam a pauta da proteção trabalhista, à Justiça do Trabalho, à Administração Pública das relações do Trabalho e à OIT.

É bem verdade que num momento posterior, diante das demandas que emergem sob a noite da já não mais negligenciável pandemia da Covid-19, pôs-se em marcha a promoção de uma "legislação trabalhista de exceção". Legislação "de exceção" urdida à total indiferença aos procedimentos de diálogo social preconizado pela OIT. Deliberadamente interditava assim qualquer participação dos sindicatos de trabalhadores e impunha ao Congresso margem parcimoniosa de debate e de aperfeiçoamento. "Legislação trabalhista de exceção" que, embora contemplando algumas garantias legais para trabalhadores, notabilizou-se especialmente como instrumento de reorganização da gestão de pessoas, fortalecendo a autonomia do empregador no cenário da abrupta retração econômica imposta pelas medidas de isolamento social adotadas pela sociedade. Nesse cenário de excepcionalidade e de transitoriedade, por outro lado, tais iniciativas evidenciaram que direitos trabalhistas, no olhar do populismo liberal-conservador, são tolerados como políticas *ad hoc* de alcance emergencial; jamais como ações permanentes de Estado voltadas para a regulação das relações do trabalho.(8)

(8) Tenho em mente: a Lei n. 13.979, de 6 de fevereiro de 2020, dispondo sobre as "medidas de enfrentamento da emergência de saúde pública de importância internacional decorrente do coronavírus", que em seu art. 3º, § 3º, considera "falta justificada ao serviço público ou à atividade laboral privada o período de ausência decorrente", entre outros fatores, das medidas de isolamento social e quarentena porventura determinadas com fundamento nesse mesmo artigo; a Lei n. 14.020, de 6 de julho de 2020, que instituiu o "Programa Emergencial de Emprego e de Renda" confinado ao estado de "emergência de saúde pública de importância internacional", disposto na Lei n.13.979/2020; o Decreto n. 10.422, de 13 de julho de 2020, prorrogando "os prazos para celebrar os acordos de redução proporcional de jornada e de salário e de suspensão temporária do contrato de trabalho e para efetuar o pagamento dos benefícios emergenciais de que trata a Lei n. 14.020, de 6 de julho de 2020"; e a Lei n. 14.151, de 12 de maio de 2021 dispondo sobre "afastamento de empregada gestante das atividades presenciais durante a emergência" referida. Note-se que todas as medidas concessivas de direitos laborais e sociais estão fundamentadas, e ficam claramente revestidas de caráter excepcional:

Ainda nesse terreno de proposições ou digressões hipotéticas[(9)], tudo parece indicar que as duas experiências populistas aqui em contraste também se comportaram em vetores opostos no respeitante ao balizamento das relações entre o mercado e o trabalho. Se o juslaboralismo do populismo dos anos 1930-1940 orientou-se nitidamente por uma agenda de desmercantilização (*decommodification*) do trabalho, já o populismo liberal-conservador restaura o postulado — no abuso da adjetivação: liberal — pela desregulação das relações de trabalho.

E por fim, acredita-se, igualmente na qualidade de proposição preliminar, que ambos os populismos, se não inteiramente criados, foram amplamente oportunizados pelo declínio dos canais de representação política da democracia ou do que se foi capaz de construir até então nesse sentido. As duas experiências populistas sucedem verdadeiros movimentos "*antiestablishment*", na qualificação de Castells (2018). O primeiro em reação aos excessos oligárquicos e à ilegitimidade no sistema eleitoral fraudulento que sobressaíram no outono da Primeira República; já o segundo no ambiente de divórcio entre representantes eleitos e representados no Brasil, que exibe seus primeiros sinais com os protestos de rua que explodem em 2013, inicialmente contra a elevação das tarifas de ônibus em São Paulo; mais adiante exumados pelo protagonismo conservador das manifestações pelo impedimento de Dilma Rousseff. Novamente servindo-me por empréstimo de qualificações de Castells (2018, p. 96-146), empregadas para sublinhar a astenia das instituições representativas da Espanha dos anos 2010: "democracias cansadas", que bem se ilustram pelo conhecido bordão "Não nos representam!".

---

na emergência "de saúde pública". Silenciam sobre a emergência laboral, social e humanitária em si mesma, consistente na expansão do desemprego, da pobreza e da fome. Mesmo que tais fatores tenham claramente se intensificado pela pandemia, note-se que existe um ancoramento, da motivação e da duração das políticas concessivas de direitos, na causa e na duração do fenômeno sanitário. Mesmo a concessão de alguns direitos a trabalhadores sob demanda em plataforma, além de expressamente afirmar-se imprestável para a caracterizá-los empregados, foi objeto de iniciativa do Governo Bolsonaro aprisionada à agenda da pandemia. Refiro-me à Lei n. 14.297, de 5 de janeiro de 2022, dispondo sobre: "medidas de proteção asseguradas ao entregador que presta serviço por intermédio de empresa de aplicativo de entrega durante a vigência da emergência em saúde pública decorrente do coronavírus responsável pela covid-19". Como se vê, cuida-se de medidas de um direito trabalhista concebido e executado ad hoc. Também não surpreende que, entre elas, algumas revelem o olhar cético ou manifestamente negacionista do discurso presidencial, relativamente às orientações da comunidade internacional de saúde. Isso fica claramente perceptível na dicção do art. 1º, § 2º, da Portaria n. 620, de 1º de novembro de 2021: "Considera-se prática discriminatória a obrigatoriedade de certificado de vacinação em processos seletivos de admissão de trabalhadores, assim como a demissão por justa causa de empregado em razão da não apresentação de certificado de vacinação".

(9) O termo "proposição", em geral acompanhado de um complemento que lhe realce o sentido de provisoriedade, como a aqui empregada expressão "hipotético", tem sido preferido à noção tradicional de "hipótese". Isso se deve à circunstância de que a rigor "hipóteses" são mais apropriadas à verificação em pesquisas quantitativas, em especial por ferramentas estatísticas; ao passo que pesquisas de rastreamento bibliográfico e predominantemente exploratórias tendem a partir, de regra, de meras asserções ou proposições a serem expostas a alguma medida de confirmação ou desmentido (FERREIRA, 2013).

Essa crise de representação também se expressa na maneira pela qual as ideias extremistas, tanto de tradição no ideário de esquerda quanto no de direita, vêm crescendo na aceitação e compartilhamento entre os jovens. O Gráfico 1 a seguir permite aferir que, exceto em países como Chile, Suíça, Espanha e Noruega, todos os demais países indicados à direita do marco-zero exibem uma variação crescente de preferência por ideias extremistas entre seus jovens:

Gráfico 1 — Variação percentual de ideias extremistas de esquerda ou de direita — Entre jovens, medida por ano

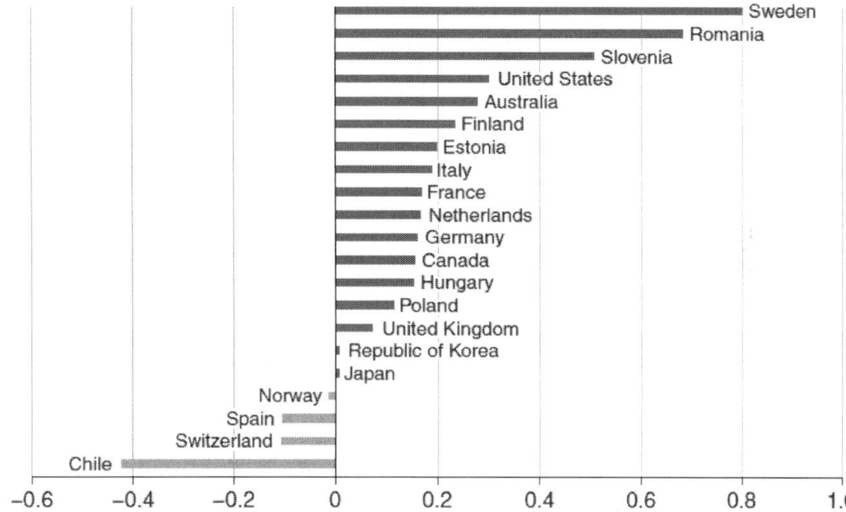

Fonte: MOUNK, Yascha. *The people vs. democracy*: why our freedom is in danger and how to save it. Cambridge, MA: Harvard University Press, 2018. p. 121.

1.3. A estratégia metodológica

O ponto-de-partida do itinerário desta pesquisa remonta a iniciativas de interlocução e de investigação que foram e vêm sendo realizadas desde 2016 por mim e por alguns dos integrantes do Grupo de Pesquisa em Migração e Direito Internacional do Trabalho (GEMDIT)[10] sob minha coordenação, junto à Faculdade de Direito da Universidade de São Paulo; algumas das quais já se tornaram públicas a partir de 2017. Basicamente, o objetivo de tais iniciativas foi o de elevar o exame do fenômeno do trabalho sob demanda em plataformas digitais, que já chamava a atenção de estudiosos e praticantes do direito do trabalho no Brasil, para o cenário mais amplo do debate então em curso no âmbito da comunidade de estudos sociojurídicos do trabalho (*Socio-Legal Studies*). A perspectiva não tem sido predominantemente comparativa, mas de estudos exploratórios que dialogam com a literatura estrangeira sobre o tema.

(10) Para um detalhamento das iniciativas de pesquisa, de assessoramento de atividades de Cultura e Extensão, bem como do conteúdo consistente em registros audiovisuais disponibilizados pelo Grupo de Pesquisa em Migração e Direito Internacional do Trabalho (GEMDIT), queira visitar o *site*: <https://sites.usp.br/gemdit/>.

A ambição, desde o início, foi a de conduzir pesquisas, experimentar reflexões e proposições no patamar no estado-da-arte das publicações e dos eventos internacionais sobre o tema. E assim porque desde sempre pareceu evidente que: 1) o fenômeno não estava circunscrito à realidade brasileira — devendo assim ser analisado no terreno mais amplo das experiências de outros países, em outros sistemas jurídicos com suas diferenças no terreno econômico e político; 2) tratava-se de um fenômeno que, pondo de lado o que já mostrou superado em sua caracterização como expressão da economia criativa, do compartilhamento ou de inovação "disruptiva", estava e permanece a desafiar iniciativas de regulação jurídica capazes de dar conta das particularidades presentes nos arranjos laborais em que o trabalho sob demanda se opera. Em outros termos: o problema do ajuste de estratégias de regulação jurídica às especificidades dessa modalidade de relação de trabalho ainda não se resolveu.

Por sinal, tudo indica que mesmo uma pacificação jurisprudencial precoce, quanto à classificação ou à natureza da relação do trabalho sob demanda em plataforma pelo Judiciário do Brasil (especialmente se confinada ao binômio trabalhador "empregado" *x* "autônomo"), não tenderá a produzir resultados satisfatoriamente estabilizadores no plano da segurança jurídica. Seria pouco crível que nosso sistema legal e Judiciário confiasse à mesma relação de trabalho, com as mesmas empresas que operam tanto no Brasil quanto em inúmeros outros países, tratamento diametralmente contrastante com aquele predominantemente conferido por outros países com os quais temos relações jurídicas e econômicas importantes.

Esse foi, como disse, o ponto-de-partida. Não retornará como objeto do presente trabalho se não de modo tangencial e complementar. Em Freitas Júnior (2020) já me ocupei do exame das dificuldades, das possibilidades e da emergência de estratégias reguladoras para o trabalho sob demanda em plataformas digitais, oferecendo proposições que, no que mais importa, reputo ainda subsistentes.

O passo subsequente das investigações sobre o trabalho sob demanda em plataformas acabou sendo mais individual e menos integrado aos colegas do GEMDIT. Mercê de um estágio como *Visiting Fellow* junto à Escola de Relações Sindicais e do Trabalho (*Industrial and Labor Relations — ILR*) da Universidade de Cornell — em Ithaca, NY, possível graças ao acolhimento de Lance Compa (que transcorreu durante o *Spring Term* de 2018 mais alguns meses), pude conduzir pesquisas sob o tema do impacto ocasionado pelo crescimento dos serviços sob demanda em plataformas digitais *("The impact of the increasing on-demand services")*. Essa imersão de pesquisa acabou beneficiando-me do acervo, do apoio de bibliotecários e especialmente das inúmeras extraordinárias bases de dados acessáveis não apenas por meio da *Catherwood Library* (da *ILR*), como também da *Law Library* (da Escola de Direito) e da *Olin Library*, de Ciências Humanas e Sociais — todas no *main* Campus da Cornell em Ithaca, NY.

O produto dessa pesquisa, que em muito desconstruiu, expandiu e de certo modo sedimentou minhas impressões sobre os achados das investigações anteriores, consubstanciou-se num relatório, inicialmente confeccionado com vistas a um certame acadêmico que foi aberto em 2019 na Faculdade de Direito da USP, mas que resultaria publicado em forma de livro (2020) ante o diferimento do certame por um intervalo superior a um ano e meio em relação à previsão editalícia. Concluí que tais circunstâncias impuseram-me o dever cívico e público de não permitir que o produto daquela pesquisa viesse a sofrer o rápido e previsível envelhecimento, ainda que parcial, que pesquisas em temas assim tendem a exibir.

De qualquer modo, esse mais recente esforço de revisão, aprofundamento e síntese, proporcionou-me uma cartografia que reputo confiável das principais fontes sobre o trabalho sob demanda em plataforma que, operadas as devidas atualizações e acréscimos, robustecem também o repertório bibliográfico pelo qual trabalharei doravante[(11)]. Lá, como cá, deixei de lado deliberadamente o *crowdwork*, dadas as suas peculiaridades de ser um fenômeno não apenas presente em diversos países, como também e especialmente, concertado e intermediado para além de fronteiras territoriais e jurídicas dos Estados nacionais.

Aqui, a estratégia de investigação que será conduzida para este trabalho seguirá um itinerário que pode ser sintetizado nos seguintes passos: 1) atualização do rastreamento bibliográfico, agora restrito às bases de dados disponibilizadas pela USP, da literatura sobre trabalho sob demanda em plataforma, respeitadas as mesmas chaves empregadas em Freitas Júnior (2020, p. 11-23); 2) rastreamento nessas mesmas bases de dados da literatura recente produzida em torno das experiências de populismo liberal-conservador dos anos 2010-2020 (*far-right populism*), pelo roteiro que será relatado de modo pormenorizado logo na sequência; 3) resgate da literatura produzida especialmente entre os anos 1970 e 1980 sobre populismo, em especial sobre o populismo do primeiro Vargas — nesse caso recuperando em destaque algumas monografias de consagrada referência sobre o tema, além da pesquisa por mim realizada em Freitas Júnior (1989).

O propósito do intercruzamento dessas três linhas de exame consiste precisamente na identificação de possíveis evidências que corroborem ou infirmem as proposições hipotéticas de trabalho acima indicadas; apontando, como espero, para compreender os motivos pelos quais o fenômeno do trabalho sob demanda em plataformas digitais: 1) mostra-se desconfortável e mesmo perturbador para a tradição de regulação por meio do juslaboralismo legado do primeiro Vargas; 2) mesmo que sem regulação permanente no Brasil — o que homenagearia *prima facie* o postulado mercantilista do populismo liberal-conservador sobre relações de trabalho — o trabalho sob demanda, num aparente paradoxo, também parece perturbar, produzindo certa irritação sistêmica dentro do

(11) Ver assim o detalhamento das etapas e escolhas presentes no rastreamento sistemático em bases de dados, destinado especificamente a trabalho sob demanda em plataformas digitais, em Freitas Júnior (2020, capítulo 2, "Revisão da Literatura", p. 11-23).

próprio ambiente de um direito do trabalho já amplamente remercantilizado por meio especialmente da Reforma Trabalhista realizada em2017.

Expor ao escrutínio da verificação e da refutabilidade esses e outros possíveis itinerários para a compreensão de nosso objeto segue o desafio das próximas linhas deste trabalho.

Desse modo, a linha de revisão sistemática da bibliografia ainda a se proceder, com vistas à delimitação do estado da arte para o presente trabalho refere-se à produção que tem como objeto analítico o populismo liberal-conservador, por quaisquer das denominações porventura empregadas (de que *far-right populism* pareceu a mais difundida). Desde o início, tudo pareceu indicar que nessa região temática a ausência de revisão sistemática da literatura produzida, muito especialmente aquela publicada no exterior, poderia causar maior impacto. Refiro-me especialmente, por impacto, à redução ou à limitação do quadro de referências sobre o fenômeno do populismo liberal-conservador tal como se manifesta em outros países; especialmente os países europeus. Em estudos precedentes sobre essa espécie de populismo ficou claro que as características das experiências do Brasil e a estadunidense, pelo que exibem de caricatural ou importância política, respectivamente, acabam adquirindo naturalmente maior visibilidade (FREITAS JÚNIOR; SILVA, 2021).

A lacuna preocupante a ser suprida consistiria então no populismo europeu, ou talvez indicado de modo mais apropriado, do (*far-right*) populismo na Europa. Esse o significado que desejo emprestar às notas de rastreamento bibliográficos indicadas no roteiro de buscas que segue, acompanhadas da síntese das impressões e constatações pelas quais reagi aos achados capturados. Sei que esse é ainda um terreno pantanoso, não apenas em razão das diferentes denominações e apropriações que o populismo liberal--conservador vem merecendo no continente europeu, mas essencialmente traiçoeiro em razão da contemporaneidade do fenômeno; algo que esteve desde sempre entre os riscos calculados deste empreendimento.

Passemos ao roteiro:

ANOTAÇÕES SOBRE O ROTEIRO SEGUIDO NA REVISÃO DA BIBLIOGRAFIA SOBRE O POPULISMO LIBERAL-CONSERVADOR

A revisão minudentemente descrita adiante[12], como dito, foi efetuada entre janeiro e fevereiro de 2021, e compreendeu quatro bases de dados; a saber:

(12) Procurei destacar os achados indicados no final dos resultados das buscas sublinhando-os para facilitar a visualização., Tais achados figuram escrupulosamente referidos, individuados com título, autor, data e link para acesso, nas tabelas que se seguem à listagem das "Referências Bibliográficas", sob o título: "5.1. REFERÊNCIAS REUNINDO EM TABELAS DE ACHADOS OS RESULTADOS DAS BUSCAS BIBLIGRÁFICAS SOBRE POPULISMO NA EUROPA, A PARTIR DAS BASES-DE-DADOS HEIN *ONLINE*; CAPES-PERIÓDICOS; CAPES-TESES E SIBBI: conforme mencionado em destaque no tópico '1.3. A ESTRATÉGIA METODOLÓGICA' — *in fine*".

Hein online, CAPES — Periódicos, CAPES — Teses e Dissertações; Dedalus — Banco de Dados Bibliográficos da USP pela Internet, e SIBI — Sistema Integrado de Bibliotecas da Universidade de São Paulo — Portal de Busca Integrada (SIBI). Embora se trate de cinco buscadores, entendo tratar-se de quatro bases distintas uma vez que os buscadores Dedalus e SIBI capturam, em universos um tanto coincidentes, referências integrantes do mesmo acervo.

O Dedalus, como se verá, proporcionou um resultado insatisfatório; em outra ocasião procurarei investigar as razões de insucesso, quando contratado com os achados resultantes das buscas pelas outras bases de dado.

Como os acervos atualmente são alimentados em chaves de documentação e palavras-chave em idioma Inglês, adotou-se, como estratégia, a utilização de entradas nesse idioma. Em alguns casos foi tentada uma rechecagem por entradas em Português apenas para se ter certeza da consistência das soluções inicialmente adotadas.

Seguirei nas próximas linhas indicando os percursos de rastreamento bibliográfico percorridos, separando-os pelos citados buscadores e/ou bases, conforme o caso.

O gigantismo oceânico da literatura produzida e indexada a partir da expressão "populismo", aqui diversas vezes referido, justificou de plano uma limitação do marco temporal da busca ao período compreendido entre 2019 e 2022.

Essa delimitação temporal pede uma justificativa adicional: não se trata apenas de contornar o gigantismo da literatura em seu conjunto. O escopo da revisão sistemática foi o de construir uma referência minimamente confiável de estarmos diante de um acervo atual sobre um tema que tem, no presente, despertado autores e pesquisadores pelo mundo: o populismo liberal-conservador. Já a primorosa literatura de referência do populismo corporativista da primeira Era Vargas é de conhecimento sedimentado e razoavelmente conhecida pelos estudiosos e pesquisadores no tema. Não quer isso dizer que não haja nada de novo sobre o populismo daquele período produzido mais recentemente; trata-se apenas da aceitação de que o ponto de partida da fonte referencial já é de domínio corrente.

Também não se refez aqui o rastreamento da produção bibliográfica sobre o trabalho sob demanda em plataformas digitais. Como esclarecido nas passagens introdutórias deste trabalho, partiu-se de um levantamento escrupulosamente efetuado por anos e suficiente para assegurar que se está a navegar com o domínio de uma cartografia atualizada e confiável.

Mais um importante destaque merece constar dessas considerações. As atenções da pesquisa estiveram essencialmente voltadas para capturar a produção bibliográfica sobre a experiência populista que se manifesta nos dias de hoje na Europa. Isso se deve ao fato que a literatura sobre o populismo liberal-conservador de Bolsonaro parece satisfatoriamente resgatado com referência na produção bibliográfica identificável em nosso país. Por outro lado, um interessante feixe de contribuições voltadas ao exame do populismo liberal-conservador na Europa permite robustecer nossa percepção acerca das medidas em que o fenômeno brasileiro é consistente com experiências de outros países; mais além, portanto, das evidentes influências do ex-Presidente Donald Trump e seus conselheiros sobre Bolsonaro, seus filhos, seus aconselhadores mais diretos e seus aliados políticos no parlamento, na grande imprensa e nas organizações religiosas.

Hein Online

Desde o princípio foi observado o marco temporal da busca delimitado pelo período compreendido entre 2019 e 2022.

Populismo europeu

Inicialmente buscou-se pela locução *"european populism"* e obteve-se um retorno de 38 resultados. Refinando a busca, selecionou-se por *"articles"* e chegou-se a 25 resultados.

Em um segundo momento buscou-se a conjunção dos termos *"populism" AND* "Europe" e foi obtido um retorno correspondente a 1.795 resultados. Refinando novamente a busca, selecionando-se como tipo de material *"articles"*, foi identificado um número ainda expressivo de 1.328 achados. Acrescentou-se, então, o filtro de localização da origem da referência para "Europe" e foram encontrados 129 resultados.

Buscou-se, ainda, pelo termo *"far-right" AND "populism"*, com os mesmos filtros de busca anteriores, e foram encontrados 51 resultados.

Excluindo-se os materiais alheios ao tema, aqueles cujo acesso não esteve na ocasião disponível à Universidade de São Paulo e aqueles repetidos, chegou-se a um universo de 76 artigos.

Populismo /Trump/ Bolsonaro

Primeiramente buscou-se pela conjunção das entradas *"populism" AND* "Donald Trump" e foram obtidos 660 resultados. Refinando a busca, selecionando como tipo de material *"articles"*, chegou-se ao resultado 481 achados. Conjugando-se *"populism" AND "right" AND* "Donald Trump", com os mesmos refinamentos, foram capturados 448 achados. Utilizando-se *"populism" AND "far-right" AND* "Donald Trump", com os mesmos refinamentos, foram indicados 242 resultados.

Em seguida, buscou-se pela conjunção dos termos *"populism" AND* "Bolsonaro" e se obteve o retorno de 121 achados. Aplicando-se o mesmo refinamento anterior chegou-se a 83 resultados. Conjugando-se *"populism" AND "right" AND* "Bolsonaro", com os mesmos refinamentos, obtiveram-se 74 resultados. Utilizando-se *"populism" AND "far-right"* AND "Bolsonaro", com os mesmos refinamentos, foram localizados 44 resultados.

Capes – Periódicos

Populismo europeu

Iniciou-se a pesquisa pela busca avançada com a utilização da conjugação dos termos *"european" AND "populism"*, limitando a existência da expressão no "assunto", obtendo-se o retorno de 320 resultados.

Refinou-se a busca por meio do recorte temporal — entre 1º.01.2019 a 1º.02.2022 – e foram obtidos 124 achados. Selecionando-se o tipo de material apenas por "artigos", foram capturados 118 resultados. Ao se optar por "periódicos revisados por pares", chegou-se a 96 resultados.

Ao utilizar os termos *"populism" AND* "Europe", não houve alteração quantitativa digna de nota, repetindo-se consideravelmente os resultados.

Populismo /Trump / Bolsonaro

Para a realização da pesquisa, inicialmente, utilizaram-se os termos "Bolsonaro" *AND "populism"*, limitando-se a existência dos termos no "Assunto", obtendo-se o retorno de 31 resultados.

Após a limitação temporal entre 2019 e 2022, o retorno foi reduzido para o montante de 27 achados. Selecionando o tipo de material, incluindo-se apenas "artigos", foram capturados 24 resultados. Excluindo-se os resultados alheios ao tema, sempre por um exame genérico do conteúdo do *abstract*, foram consolidados 22 achados.

Renovando-se a pesquisa com a utilização dos termos "Bolsonaro" *AND "right-wing" AND "populism"*, houve retorno de um único resultado.

Realizando nova busca com os termos "Bolsonaro" *AND "far-right" AND "populism"*, retornaram 10 achados. Com a limitação temporal — entre 2019 e 2022 — houve o retorno de 9 resultados. Por fim, selecionando o tipo de material, incluindo-se apenas os artigos sobre o tema, foram capturados 7 achados.

Em nova pesquisa, por meio da entrada pelos termos "populismo" *AND* "*right-wing*" *AND* "Trump", houve o retorno de 28 resultados. Com a limitação temporal — entre 2019 e 2022, foram capturados 16 resultados. Após a seleção do tipo de material, incluindo-se apenas os artigos sobre o tema — ou seja, desprezando-se aqueles que, pelo *abstract* já se mostravam desinteressantes para o tema desta pesquisa, foram obtidos 15 resultados.

Renovando-se a busca com a utilização dos termos "*populism*" *AND* "*far-right*" *AND* "Trump", houve retorno de 4 resultados, sem alteração com a limitação temporal e com a seleção de apenas os artigos.

Capes — Teses e dissertações

Populismo europeu

Iniciou-se a pesquisa com as chaves "populismo" *AND* "europeu", separando-se os termos apenas por vírgulas, limitando-se apenas às teses de doutorado, chegando-se a 1.188 resultados.

Refinando a busca ao período de 2019 a 2021, alcançou-se o resultado de 233 teses. Utilizando-se o filtro "Grande área de conhecimento" e limitando a busca para as áreas de Ciências Humanas, Ciências Sociais Aplicadas e Multidisciplinar, foram capturados 133 resultados. Analisando-os por pertinência — ou seja, desprezando aqueles que, pelo *abstract* já se mostravam desinteressantes para o tema desta pesquisa, chegou-se a 42 achados.

Populismo /Trump / Bolsonaro

Para a realização da pesquisa, inicialmente, utilizou-se os termos "Bolsonaro" *AND* "*populism*", separando-se os termos apenas por vírgulas, limitando-se a busca a teses de doutorado, obteve-se o retorno de 130 achados.

Após a limitação temporal entre 2019 e 2021, o retorno reduziu para o montante de 59 resultados. Utilizando-se o filtro "Grande área de conhecimento" e limitando para as áreas de Ciências Humanas, Ciências Sociais Aplicadas e Multidisciplinar, chegou-se a 50 resultados.

Realizando nova busca com os termos "Bolsonaro" *AND* "*far-right*" *AND* "populismo" separados apenas por vírgulas, limitando-se às teses de doutorado, retornaram 8.239 resultados.

Com a limitação temporal entre 2019 e 2022, houve o retorno de 2.856 resultados. Utilizando-se o filtro "Grande área de conhecimento" e limitando a busca para as áreas de Ciências Humanas, Ciências Sociais Aplicadas e Multidisciplinar, chegou-se a 1.597 resultados.

Em nova busca, utilizaram-se os termos "populismo" *AND* "Trump", separados apenas por vírgulas, limitando-se às teses de doutorado, obtendo-se o retorno de 49 achados.

Com a limitação temporal entre 2019 e 2022, mantiveram-se na captura 22 achados. Utilizando-se o filtro "Grande área de conhecimento" e limitando para as áreas de Ciências Humanas, Ciências Sociais Aplicadas e Multidisciplinar, foram capturados 20 resultados.

Realizando nova busca com os termos "Trump", *"far-right"* e "populismo", separados apenas por vírgulas, limitando-se às teses de doutorado, retornaram 58 resultados.

Com a limitação temporal entre 2019 e 2021, houve o retorno de 29 resultados. Utilizando-se o filtro "Grande área de conhecimento" e limitando a busca para as áreas de Ciências Humanas, Ciências Sociais Aplicadas e Multidisciplinar, chegou-se à captura de 26 achados.

Dedalus

Desde o princípio foi observado o marco temporal da busca delimitado pelo período compreendido entre 2019 e 2022.

Populismo europeu

Inicialmente buscou-se pela expressão "populismo" e obteve-se um retorno da existência de 6 resultados. Refinando a busca, selecionou-se como tipo de material "artigos de periódicos" e foram capturados 3 resultados.

Em um segundo momento buscou-se a conjunção dos termos "populismo" *AND* "Europe" e foram obtidos 9 achados. Refinando a busca, selecionou-se como tipo de material "artigos de periódicos" e não houve resultado. Na busca para "populismo" *AND "european"* não houve resultados.

Reiniciando-se a busca pela expressão "populismo", obteve-se um retorno da existência de 39 resultados, sendo 6 deles de "artigos de periódicos". Então buscou-se a conjunção dos termos "populismo" *AND* "Europa" *AND* "populismo europeu", não se obtiveram achados.

Populismo/Trump/Bolsonaro

Ao buscar pela conjunção dos termos "populismo" *AND "far-right"*, obteve-se como retorno apenas 1 resultado. A busca pela conjugação "populismo" *AND* "Trump", não obteve resultados e a busca por "populismo" *AND* "Bolsonaro" obteve-se 2 resultados, sendo 1 deles artigo de periódico.

Reiniciando-se a busca pela expressão "populismo", obteve-se um retorno da existência de 39 resultados, sendo 6 deles de "artigos de periódicos".

Buscando-se a conjunção dos termos "populismo" *AND* "direita", o retorno foi de 9 resultados, sendo 2 artigos de periódicos.

A busca pela conjugação "populismo" *AND* "Trump", não alcançou resultados e a busca por "populismo" *AND* "Bolsonaro" capturou 6 resultados, não sendo nenhum deles artigo de periódico.

Sistema Integrado de Bibliotecas da Universidade de São Paulo — Portal de Busca Integrada (SIBI)

Aqui foi observado por marco temporal da busca o período compreendido entre 2019 e 2022.

Populismo europeu

Inicialmente buscou-se pela expressão *"populism"* e obteve-se um retorno da existência de 22.121 resultados. Refinando a busca, selecionou-se como tipo de material "artigos" + "revistas revisadas por pares" e se obtiveram 11.058 achados.

Em um segundo momento buscou-se a conjunção dos termos *"populism" AND* "Europe", obtendo-se por retorno um conjunto de 10.711 resultados. Dentre esses, por meio de um refinamento posterior pela restrição do tipo de material a "artigos" e "revistas revisadas por pares", chegou-se 6.124 resultados. Na busca para *"populism" AND "european"* retornaram os mesmos 6.124 resultados.

Reiniciando-se a busca pela expressão "populismo", obteve-se um retorno da existência de 2.062 resultados. Refinando a busca por meio da seleção do tipo de material "artigos" e "revistas revisadas por pares" e chegou-se a 1.080 resultados.

Buscou-se, então, pela conjunção dos termos "populismo" *AND* "Europa", chegando-se a 644 resultados. Refinando a busca por meio do tipo de material "artigos" e "revistas revisadas por pares", foram obtidos 382 achados. Utilizando-se a conjugação "populismo" *AND* "europeu", foram capturados 75 resultados. Com a seleção do tipo de material para "artigos" e limitando-se a "revistas revisadas por pares", chegou-se a 40 resultados.

Populismo/Trump/Bolsonaro

Ao buscar por meio da conjunção dos termos *"populism" AND "far-right"*, obteve-se por retorno a quantidade de 3.085 achados. Refinando-se a busca, selecionando-a pelo tipo de material "artigos" e "revistas revisadas por pares" e chegou-se a 1.809 resultados.

> Já na busca pela conjugação *"populism"* *AND* "Trump", foram capturados 8.023 resultados; refinando-a pela seleção do material para "artigos" e "revistas revisadas por pares", chegou-se a 3.804 resultados.
>
> Na busca por *"populism"* *AND* "Bolsonaro" foram encontrados 1.061 resultados. Refinando a busca, selecionou-a pelo tipo de material "artigos" e "revistas revisadas por pares" e chegou-se a 605 resultados.
>
> Reiniciando-se a busca pela expressão "populismo", obteve-se um retorno de 2.062 resultados. Refinando a busca por meio da seleção do tipo de material "artigos" e "revistas revisadas por pares", foram capturados 1.080 resultados.
>
> Buscando-se a conjunção dos termos "populismo" *AND* "direita", o retorno foi de 282 achados, que com a seleção pelo tipo de material "artigos" e "revistas revisadas por pares" resultou em 162 resultados.
>
> Já na busca pela conjugação "populismo" *AND* "Trump" foram capturados 8.023 resultados; refinando-a pelo tipo de material para "artigos" e "revistas revisadas por pares", chegou-se a 3.804 resultados.
>
> Na busca por "populism" *AND* "Bolsonaro" foram reunidos 373 achados. Refinando-se a busca por meio da seleção do tipo de material "artigos" e "revistas revisadas por pares" e chegou-se a 228 resultados.

Como se vê, é um truísmo afirmar que a literatura que se ocupa do populismo, mesmo circunscrita às experiências na Europa, é extremamente vasta. Ao novamente fazer referência a isso pretendo indicar que o mero rastreamento sistemático cuidadoso, com expectativa de alcançar retornos mais conclusivos sobre a literatura produzida a respeito do populismo liberal-conservador (mesmo restrita às suas manifestações europeias), já seria em si mesmo um objeto demasiadamente ambicioso de pesquisa. Não foi a intenção aqui adotá-lo, nem foi esse jamais o escopo deste trabalho.

Um pequeno sobrevoo nas bases de dados, por outro lado pareceu útil para traçar com mais consistência a estratégia de pesquisa de exploração a partir de uma bibliografia mais objetivamente selecionada, assim como mais recente. Temas assim contemporâneos surpreendem pela maneira rápida com que se difundem na produção acadêmica estrangeira. Por mais que os estejamos acompanhando por meio de pesquisas anteriores mais recentes, como nesse caso, os achados de buscas bibliográficas se alteram com espantosa rapidez.

De qualquer modo, examinando os resultados coligidos com essa varredura, podemos extrair algumas conclusões importantes sobre o populismo liberal-conservador na Europa: 1) ele vem sendo estudado em diferentes centros de pesquisa e tem merecido acolhimento em importantes publicações de impacto internacional, submetidas a seleção por pares em duplo-cego; 2) pela simples observação dos títulos e dos resumos de algumas delas, colhidas aleatoriamente, vemos que o termo "populismo" vem empregado ainda com acepções bem variadas, ainda que para designar, no que mais importa, o mesmo fenômeno; 3) boa parte da literatura parece emprestar à expressão "populismo" uma acepção politicamente intercambiável, ou seja, ajustável a experiências políticas que não são tipicamente e inteiramente subsumíveis a categorias como "esquerda" nem "direita" — malgrado seu induvidoso viés conservador; 4) numa perspectiva reversa, a literatura tende a reconhecer a existência de experiências políticas conservadoras, associadas ou não à ortodoxia liberal no terreno econômico, que não exibem características que as qualifiquem como de tipo populista; 5) os achados pela busca "Capes — Teses e Dissertações" revela como o populismo liberal-conservador, por diversas denominações, tem chamado atenção dos Programas de Pós-Graduação em nosso país — o que é perceptível pela presença do termo "populismo" em palavras-chave ou outros registros que o associa a temas tais como cultura do Judiciário, eleições, migração e direitos humanos.

Por fim chama a atenção a maneira pela qual a literatura vem se ocupando da crise de representatividade e do quanto isso tende a vulnerar as instituições democráticas em nossos dias, relacionando-a de algum modo ao aparecimento de experiências políticas ou à reabilitação das ideologias populistas.

2. Os Paradoxos de um Cenário de Incerteza: Precarização, Risco para Quem Trabalha, Economia do Bico e Ideologia da Autossuficiência

Desde ao menos meados dos anos 1990 a literatura que se ocupa das relações de trabalho vem chamando a atenção para um progressivo e persistente movimento de exaustão da centralidade do emprego com jornada integral, por prazo indeterminado e ocupação por ao menos cinco dias e quarenta horas semanais, em geral para o mesmo empregador. Em síntese: a partir de então o olhar dos observadores orienta-se para a observação de uma certa marcha em direção à astenia do padrão de relação de trabalho baseado no emprego típico.

Essa linha de percepção seguiu diversos caminhos e tentou capturar esse itinerário de mudança por meio de uma nomenclatura relativamente variada, aqui e acolá objetivando conferir destaque para diversos aspectos das transformações percebidas. Assim podemos recordar as expressões trabalho "para-subordinado", trabalho "em tempo parcial" (*part-time*), trabalho "informal", "contingente", "temporário", ou mesmo "arranjos alternativos de trabalho" na conhecida expressão de Katz e Krueger (2016). De todo modo, talvez a denominação que mais se difundiu, inclusive obtendo inicialmente aceitação corrente no âmbito da OIT, foi a de trabalho "atípico".

É certo que a denotação com ênfase na atipicidade exerce um convincente apelo semântico para a indicação dessa linha de transformações pelas quais as relações de trabalho viriam crescentemente a passar no decorrer das últimas três ou quatro décadas. Com efeito, distanciar-se do modelo do trabalho "típico", assim compreendido aquele com jornada integral, por prazo indeterminado, cinco dias, quarenta horas semanais, constituiu fator importante na linha de transformação aqui tratada. Realmente teve lugar um movimento de fragmentação na forma de recrutamento, aproveitamento e de gestão do trabalho ofertado em caráter pessoal pelo prestador, que deslocou o cenário das relações de trabalho, de um ambiente relativamente homogêneo e previsível, para um verdadeiro mosaico no qual se segmentariam diferentes e por vezes até então inusitados arranjos contratuais.

Claramente o trabalho sob demanda em plataformas digitais também se situa nesse itinerário de mudanças. Por certo, embora muitos possam ser os caminhos para sua caracterização, não parece haver dúvida de que se trata de mais um caso de relação de trabalho atípica.

Do ponto de vista de sua tutela jurídica, porém, considero não ser esse seu aspecto mais relevante (FREITAS JÚNIOR, 2020 p. 51-60). Mais além de fugir do padrão típico do trabalho em tempo integral por prazo determinado, à semelhança de outras relações de trabalho como o do trabalhador migrante indocumentado, o trabalho sob demanda em plataformas digitais exibe uma característica que reputo importante para se considerar com vistas ao seu processo de formalização e regulação jurídicas: cuida-se de mais uma figura de trabalho precarizado.

2.1. O nem-sempre atípico trabalho precário

Mas o que vem a ser trabalho precário e no que precarização difere de atipicidade?(13)

Seguindo o giro conceitual preconizado, entre outros, por Cranford, Vosco e Zukewich (2003), Kallenberg e Vallas (2018), e Albin (2012 e 2012-a), nas relações de trabalho precarizadas está presente uma acentuada falta de porosidade à efetivação de sua regulação jurídica e, desse modo, à consequente proteção do trabalhador.

Como já se afirmou nas passagens introdutórias deste trabalho, quando da explicitação de seu referencial teórico, compartilha-se aqui a convicção de que o trabalho, como mercadoria ficta na já citada denominação de Polanyi, não comporta e não deve merecer por destino a selvageria do mercado.(14)

As relações de trabalho em geral, e as de emprego com maior nitidez, suscitam do Estado uma intervenção reguladora.

(13) Considerando os indicadores da Pesquisa Nacional de Análise em Domicílio-PNAD Contínua — 1º Trimestre de 2022, agregando os números de trabalhadores "empregados informais" (sem registro + por conta própria sem CNPJ)= 39.3 milhões; aos "Subutilizados" ("desocupados" - 13.8 milhões + "Subocupados" - 7.469 milhões + "Força de Trabalho Potencial" - 9,979 milhões)= 31.3 milhões, alcançamos a ordem de grandeza de 70 (setenta) milhões de trabalhadores precarizados no Brasil.

(14) Como procurei explicitar (FREITAS JÚNIOR, 2020, p. 7, nota 4), e já tendo empregado em outras ocasiões a expressão selvageria do mercado, empresto-lhe pessoalmente o significado de "qualidade de selvagem; selvagismo; selvatiqueza" (HOUAISS; VILLAR, 2009), e não de "incivilidade"; despida assim de qualquer conotação intencionalmente pejorativa. A referência metafórica à selva procura destacar um ambiente de prevalência do mais forte, a dominância do mais poderoso e sua coessencial anomia moral. Como já afirmei na referência aqui trazida, tenho para mim que "a 'lei' da selva rege bem a harmonia das interações selváticas", embora eu admita minhas resistências morais para aceitá-la como natural ou "própria a ambientes de interações sociais afinados por valores humanos". Novamente sublinho: receio pelo destino do mercado e da selva no Brasil de nossos dias, mas fico sinceramente intrigado como "muitos, dos que defendem para o mercado a 'lei da selva', advoguem para nossas selvas a sujeição ao mercado".

Procurando ser ainda um tanto mais específico, sustento que a regulação pelo Estado das relações de trabalho, por meio do direito do trabalho, deva ter por escopo não a proteção de uma suposta e inespecífica "hipossuficiência" da pessoa do trabalhador, mas a promoção de algum reequilíbrio de poder entre partes de uma relação, em cuja essência reside uma assimetria no plano da autoridade em sua acepção weberiana. Como vejo, o trabalhador não padece de nenhuma "hipossuficiência"; é a relação que se constrói sobre alicerces de assimetria política.

A esse reequilíbrio denomina-se, aqui, proteção trabalhista. Não se trata, portanto, da proteção de um trabalhador quase-suficiente diante de um patrão emancipado. Diversamente, fala-se aqui de proteção, como garantia ao trabalhador de alguma autonomia para consentir num ambiente de assimetria instituída pelo aproveitamento subordinado do trabalho.

Tudo isso é para esclarecer a centralidade que se confere ao problema da efetividade da proteção que se tenciona promover pelo direito do trabalho. Como se sustenta aqui, sob o prisma da proteção ante os efeitos da assimetria, a precarização constitui desafio muito mais relevante que a mera difusão de formas e arranjos variados de atipicidade.

Assim por exemplo, um profissional altamente qualificado contratado formalmente em regime de tempo parcial, embora exercendo um emprego atípico, não será necessariamente um trabalhador desprotegido. Por outro lado, e já sublinhamos isso em outras ocasiões (FREITAS JÚNIOR; KOURI; WALDMAN, 2015), um migrante indocumentado, ainda que formalmente possa ter em seu favor a regra da proibição do enriquecimento sem causa, bem como a autonomia formal da proteção trabalhista ante a situação migratória, mesmo empregado sob vínculo típico, tenderá a ser um trabalhador precarizado.

É importante distinguir atipicidade de precariedade ainda por outros fatores. Se as diferenças entre vínculos típicos e atípicos dissipam-se com a mera alocação proporcional de direitos, vínculos precários demandam ações orientadas para mitigar os efeitos das vulnerabilidades em que se originam: condição migratória indocumentada, pertencimento a grupos sociais vitimados por racismo e discriminações estruturais como mulheres, afrodescendentes, indígenas, quilombolas, ribeirinhos, população LGBTQIA+, deficientes, ingressantes de primeiro emprego, idosos, analfabetos, moradores de comunidades carentes, etc. Nesse rastro, seguirão ainda outros seres humanos cuja vulnerabilidade ainda sequer desenvolvemos códigos para identificar.

À precarização ocasionada ou intensificada por vulnerabilidades relacionadas à situação pessoal do trabalhador podemos denominar, à falta de melhor qualificativo, precarização primária ou de primeira ordem. De outro lado, podem-se identificar ainda outras formas de precarização, que aqui podemos denominar derivada ou precarização de segunda ordem, ocasionada por fatores estranhos aos predicados pessoais do trabalhador, de que são exemplos crises econômicas e sanitárias com alto poder de retração na oferta de postos de trabalho e desemprego (GARMENDIA ARIGÓN, 2016, 253), crises humanitárias com deslocamento de populações, guerras civis, genocídios, catástrofes, trabalhos exercidos por demanda irregular (avulso, temporário ou eventual) ou em ambientes de extenuantes ou de acentuado risco à vida e à saúde (mineiros), etc.

É preciso ressaltar que não se sustenta aqui que toda relação de trabalho em que o trabalhador seja exposto a uma situação de vulnerabilidade resulte, *ipso facto*, em trabalho precário. O que se afirma é que, tanto na precarização ocasionada por fatores de primeira ordem quanto naquela de segunda ordem, a insuficiência da proteção trabalhista tende a estar presente malgrado sua presença em cenários jurídicos de pleno reconhecimento formal de direitos.

Em ambas as espécies de precarização temos em comum a presença do mesmo descompasso entre os dois termos do binômio constitutivo da proteção trabalhista: reconhecimento formal e efetivação material de direitos.

Por outro lado, também é de se ter presente que as iniciativas para reposicionar, em situação de recíproca complementariedade, a efetivação da proteção trabalhista e a promoção da agenda dos direitos humanos não têm sido uma tarefa isenta de dificuldades e incompreensões (ALSTON, 2015, 2017; HEPPLE, 2004; GROSS e COMPA, 2009; MUNDLAK, 2012).

2.2. O risco é para quem trabalha

E não é apenas isso que torna o combate à precarização uma prioridade política e humanitária para o direito do trabalho em nosso tempo.

Durante os trinta anos de crescimento econômico compreendidos entre 1945 e 1975 — os conhecidos "Trinta Gloriosos" da história do capitalismo — sucessivos e ambicionados recordes de "pleno emprego" bem ao sabor do repertório keynesiano tornavam, em especial o trabalho precário derivado, um fenômeno numericamente menos expressivo, como foi por um bom tempo o caso do temporário, por exemplo.

Contudo, após o afastamento pela Administração Richard Nixon do padrão-ouro de conversibilidade monetária de Breton-Woods (1971), seguida pelas sucessivas vagas de estagnação que se estendem entre as crises do cartel da Opep (1973 e 1979) e a do *subprime* (2008), e pela vertiginosa expansão da globalização nos anos 1980 (FREITAS JÚNIOR, 1997, 2014), a economia capitalista retorna ao berço embalado pela instabilidade, pela incerteza e pela crescente transferência do risco da grande corporação fordista na direção aos trabalhadores, por meio especialmente de sucessivos estímulos à precarização das relações de trabalho e da retração nos benefícios de proteção social.

Por meio de uma obra que breve alcançaria grande impacto na literatura sobre políticas sociais e trabalhistas, Hacker (2006) chamou a atenção para a afirmação de uma importante mudança ideológica, que se segue a substanciais transformações políticas. Essa mudança, segundo o professor da Universidade de Yale, reconfigurou substancialmente a maneira pela qual, nos EUA, governantes e governados tradicionalmente compartilharam suas crenças em torno de valores como segurança, oportunidade e previsibilidade econômica.

A chave da análise de Hacker reside na percepção de que, no curso de um período relativamente curto, operou-se uma transferência da responsabilidade pela cobertura do risco, antes radicada na grande corporação e no Estado, em direção à pessoa do trabalhador.

Essa transferência situa-se num conjunto bastante variado de transformações na configuração da sociedade estadunidense, evidenciada em especial: 1) pela redução do tamanho e da capacidade aquisitiva da classe média, com seu evidente impacto sobre a democracia como um valor convergente com a expectativa de prosperidade; 2) pelo rápido e acentuado deslocamento de custos da incerteza econômica em direção ao orçamento familiar, fazendo com que, para se ter uma ideia, as taxas de insolvência civil (*bankruptcy*) tenham se multiplicado por sete no intervalo entre 1980 e 2005 — mesmo antes, portanto, da crise do *subprime*; e 3) pelo esvanecimento da sensação de "segurança" no mundo do trabalho.[15]

Quanto a esse último aspecto é interessante um olhar em perspectiva para a natureza peculiar das relações de trabalho nos EUA. Ao contrário dos sistemas jurídicos de diversos países da Europa continental (e algumas da América Latina sob sua influência) as relações de trabalho nos EUA jamais contemplaram em sua legislação federal institutos jurídicos assemelhados às figuras de estabilidade ou da garantia do emprego. Pondo de lado esparsas iniciativas de contenção ou desencorajamento das dispensas contempladas em acordos coletivos do trabalho – sendo a cláusula de antiguidade (*seniority provision*) a mais conhecida delas (ABRANS; NOLAN, 1986, FREITAS JÚNIOR, 1994) — e para além de algumas disposições de legislação estadual e local, as relações de trabalho nos EUA sempre foram caracterizadas pela ampla aceitação da dispensa como expressão da autonomia da vontade do empregador (*at will*). Hacker tem em conta a ausência de constrangimentos à dispensa do trabalhador na prevalente realidade das relações de trabalho nos EUA, mas observa que para o trabalhador médio a hipótese de súbita dispensa nunca foi objeto de temor, porque, paradoxalmente, caminhava ao lado do sentimento de "segurança no emprego". Em outros termos, sabia-se que essa eventualidade faria parte de um possível intervalo na trajetória laboral do americano médio, mas essa ocorrência não o atemorizava porque partilhava a crença na sua transitoriedade. Desse modo, perder

(15) Para o detalhamento pormenorizado da maneira pela qual reajo às contribuições de Hacker (2006) veja Freitas Júnior (2020, p. 83-87).

o emprego não ocasionava impacto significativo na expectativa de preservação de outros direitos relevantes como a possibilidade de aposentadoria e o acesso ao seguro saúde.

Diante desse novo horizonte de expectativas, a perda da sensação de "segurança no emprego" fez emergir um sentimento de temor crescente, especialmente pela perda do emprego, diante da percepção de que o risco tornara-se exclusivamente um problema do trabalhador e de sua família.

A extraordinária repercussão dessa obra de Hacker, como a percebo, resulta precisamente na sua capacidade de expor e sublinhar o colossal abismo que separa a sociedade estadunidense dos "Trinta Gloriosos", daquela que se consolida com o declínio da grande indústria fordista, com a rápida expansão da globalização da economia e a emergência de novos e importantes *players* econômicos na Ásia, culminando com a espantosa afirmação econômica e política da China.

O trabalhador do nosso tempo em geral que, feitas as devidas ponderações, vive o angustiante fardo que recai sobre os ombros do estadunidense, foi não apenas conduzido a um cenário de relações de trabalho crescentemente precarizadas, como relegado a um ambiente de proteção social cada vez menos tangível e digno de expectativa.

Mesmo para os que estão empregados, o emprego deixa de ser um importante fator de segurança e expectativa de estabilidade para o futuro; tornando-se, em lugar disso, fonte crescente de angústia e incerteza para o ser humano que trabalha e se defende num mundo que se tornou fugaz.

Mas não é só o mundo do trabalho que se tornou fugaz; a sociedade em que ele se inscreve passou a ser orientada, como observa Hacker, por uma ideologia em que os valores da segurança e da previsibilidade no mundo do trabalho — e na vida em geral — deixaram de ser politicamente relevantes. Ideologia que certa vez qualifiquei, à falta de melhor expressão, como que devota celebrante da liturgia do efêmero (2020, p. 76).

Liturgia do efêmero que se expressa com muita nitidez na forma de comunicação pelas redes sociais, no discurso de gestores de investimento, nas projeções das autoridades monetárias, no horizonte de planejamento dos programas governamentais, e na própria expectativa dos jovens entrantes no mercado de trabalho, que sequer ambicionam por um futuro de segurança e previsibilidade, acreditando-se empreendedores de si próprios e creditando para si o poder de desafiar os efeitos do risco e da finitude.

Convergente com o panorama traçado por Hacker, Morozov (2018, p. 43) observa que "nos tornamos reféns de dois tipos de disrupção. Uma delas é cortesia de Wall Street; a outra, do Vale do Silício":

> De um lado, a crise financeira global — e a corrida subsequente para socorrer os bancos — reduziu ainda mais o que restava do Estado de bem-estar social.

> Isso mutilou — e até extinguiu — o setor público, o único remanescente contra o avanço da ideologia neoliberal e seus incansáveis esforços em criar mercados a partir de qualquer coisa. Depois dos cortes, os poucos serviços públicos remanescentes ficaram com custos proibitivos ou foram forçados a experimentar mecanismos de sobrevivência novos e até, eventualmente, populistas. A difusão do *crowdfunding* [...] é um caso relevante: diante da ausência de alternativas, a escolha se dá entre o populismo de mercado — o povo é quem sabe! — ou a extinção.

A grande "disrupção" desses tempos parece residir, portanto, numa reprivatização da cobertura dos efeitos do risco e numa devolução, do ônus de cobertura do estado de necessidade, ao próprio acometido pela carência ou pelo infortúnio e sua família.

2.3. A economia do bico

A expressão do bico ou biscate já foi também tratada por nossos dicionaristas, por extensão, como "ocupação ou serviço eventual, de curta duração e não regular" e, por analogia, como segundo trabalho ou emprego de menor relevância (HOUAISS; VILLAR, 2009, verbete "biscate").

As atividades econômicas desempenhadas segundo as características do biscate, por sua vez, vieram a ser designadas em geral por atividades da economia do bico ou do biscate.

Já na literatura internacional, no campo dos estudos sóciojurídicos, inicialmente foram empregadas como equivalente de "economia do bico" expressões como *freelance, on-demand, sharing* e, mais recentemente, tudo parece indicar que se consolidou o emprego da expressão *gig economy.*

Em nossos dias o emprego da expressão "economia *gig*", difundiu-se ao ponto de que, mesmo o telejornalismo formal de conceituadas emissoras, no Brasil, já a utiliza (FREITAS JÚNIOR, 2021).

A expressão "*gig*" foi apropriada da gíria pela qual se designavam apresentações e performances informais, musicais ou de dança, que eram conduzidas na rua em caráter festivo, descompromissado, descontínuo, irreverente e predominantemente amador – em geral retribuído mediante contribuições espontâneas ofertadas em recipientes dispostos no chão pelos artistas. Essas atividades tornaram-se frequentes durante os anos 1960, por influência do apelo artístico que animava as comunidades "alternativas" de jovens naquele momento; tempo de contracultura, tempos de pacifismo antiguerra do Vietnã, tempos de libertação da sexualidade recreativa por meio dos novos métodos contraceptivos.

A origem desse termo é bem conhecida, mas é importante relembrá-la porque simboliza adequadamente um olhar para a atividade laboral como expressão da informalidade, da descontinuidade, da irreverência e do incipiente profissionalismo.

Como numa suíte, em prolongamento da já mencionada liturgia do efêmero, essa categorização da atividade laboral, aprisionada no meio do caminho entre o trabalho e o lazer, sugere um pouco mais que o lúdico: a exploração do trabalho como um negócio, um *business* do descompromisso e da inconsequência.

O apelo onírico — beirando o psicodélico — segue de perto a subsequente remodelação das relações do trabalho no decorrer dos anos 1980 até os nossos dias; já não mais talvez subsumível à conhecida personagem de Peter Pan. A juventude que resistira à maturidade envelhece no desamparo.

Opera-se gradual, mas aceleradamente, um processo a que Kissinger (2018) chamará de declínio do iluminismo, ou mais especificadamente, de uma certa astenia de sentido que repousa sobre a confrontação entre a racionalidade filosófica e a inconsequência lúdica da inteligência artificial – IA.

> Em razão de sua inerente superioridade nesses campos, IA tende a ganhar qualquer jogo que se lhe proponha. Mas para nossos propósitos como humanos, os jogos não são apenas sobre ganhar, mas sim sobre pensar. Tratando processos matemáticos como se fossem processos do pensar, e mesmo tentarmos mimetizá-los ou meramente aceitar seus resultados, corremos o risco de perder a capacidade que tem sido a essência da cognição humana.(16)

O trabalho sob demanda parece representar a expressão quintessencial da economia do bico. Uma relação que se opera na mais absoluta ausência de mediação e de calibração que sejam capazes de conferir a trabalhadores e tomadores do trabalho humano algum vínculo minimamente estável.

Aproximemo-nos um pouco mais desse fenômeno.

Não há nada em princípio que desabone o trabalho autônomo do empreendedor; muito ao contrário. Esse importante e necessário agente econômico produz riqueza e presta serviços arriscando suas modestas economias ou as adquirindo por empréstimo como recursos necessários a viabilizar economicamente seus negócios. Nessa perspectiva,

---

(16) No original: "Because of its inherent superiority in these fields, AI is likely to win any game assigned to it. But for our purposes as humans, the games are not only about winning; they are about thinking. By treating a mathematical process as if it were a thought process, and either trying to mimic that process ourselves or merely accepting the results, we are in danger of losing the capacity that has been the essence of human cognition".

o empreendedor não apenas reúne os recursos necessários à viabilização independente de seu negócio, como estabelece os parâmetros que reputa aceitáveis de custo, assim como de tamanho, preço, volume, momento e forma de sua oferta em mercado. É sua atribuição definir esses fatores.

Por contraste, o trabalhador sob demanda, cuja prestação de serviço é intermediada por plataformas digitais, inicia seu negócio pondo em risco seu patrimônio pessoal (automóvel, motocicleta, bicicleta...), sujeitando seu trabalho a regras de preço, volume, momento e forma de prestação absolutamente alheios à sua vontade, ao mesmo tempo em que fixados unilateralmente por empresas de intermediação que, para além do investimento no desenvolvimento do aplicativo, não correm (ou não admitem correr) nenhum risco pelo negócio de intermediação pelo que tanto acumulam (PRASSL, 2018, p. 1-10).

Nesse negócio empresarial e lucrativo de intermediação não há também, em si mesmo, nada em princípio moral nem juridicamente reprovável. O ponto está em que, seguindo a narrativa institucional dessas empresas, elas seriam apenas aplicativos de intermediação despojadas de toda e qualquer responsabilidade pela relação de trabalho que oportunizam. Assim não apenas em relação à pessoa do prestador — as condições em que desempenha seu trabalho, a remuneração mediante a qual sujeita-se a desempenhá-lo, etc. — como também relativamente à pessoa do consumidor adquirente do serviço, sem falar nos terceiros que emergem como atores relevantes especialmente em caso de acidente de trabalho e outros eventos de responsabilização.

A fugidia narrativa pela qual se apresentam as gigantescas e lucrativas empresas de intermediação por plataformas digitais bem faz lembrar o desamparo do trabalhador, pela metáfora ingênua capturada pelos versos de "Catarina", a conhecida marchinha de autoria de Martins e Santiago (1939), celebrizada no primoroso registro de Carlos Galhardo para o carnaval de 1940: um "negócio da China"! Sim um negócio em que somente as empresas de plataforma ganham, a risco e insumo zero; todos os demais atores despendem, dinheiro ou trabalho, por sua exclusiva conta e risco.

Note-se que nesse arranjo, nada ocasional nem episódico por sinal, para além do trabalho do motorista ou o entregador (e não de seus veículos isoladamente), não se vê nada compartilhado que justifique a localização do fenômeno no terreno da chamada "economia do compartilhamento" (*Sharing Economy*); como se tornou frequente na literatura internacional sobre ele, especialmente até 2019.

Embora não se trate de um arranjo de negócio e de trabalho ocasional nem episódico, a caracterização do trabalho sob demanda em plataforma como expressão da economia do bico decorre de três fatores: 1) a intermitência da demanda; 2) o desconhecimento prévio do prestador quanto ao preço de seu trabalho (fixado de modo não transparente nem unilateral pelas plataformas; e 3) a possibilidade, em tese, de que o prestador seja ele próprio um entrante intermitente no negócio da plataforma — circunstância que, ainda que não muito frequente, justificaria em alguns casos a hipotética descaracterização de sua não eventualidade e, desse modo, da ocorrência de relação de emprego.

Já me ocupei detalhadamente do exame dessa relação sob o ângulo de como se manifesta e sob aquele de sua necessária regulação jurídica (FREITAS JÚNIOR, 2020). No presente trabalho, retorno de modo sumário à indicação das peculiaridades do trabalho sob demanda em plataformas exclusivamente para demonstrar — e é este o escopo específico que ora me anima — as razões pelas quais os recursos do juslaboralismo, legatário do populismo corporativista do primeiro Vargas, não se mostram suficientemente porosos para reconhecer e discipliná-la. De igual modo, conquanto por razões distintas, esse mesmo negócio de intermediação lucrativa do trabalho, até aqui tão infenso e resistente à regulação do Estado, exibe sinais de que perturba os áulicos do livre-mercado inspiradores do etos liberal-conservador do populismo dos tempos atuais.

Mas como um negócio lucrativo, de exploração irrefreada e incontrolada do trabalho humano, exposto à selvageria de um ambiente de pronunciada anomia, parece desconfortável num ambiente político de populismo liberal-conservador?

Veremos no próximo capítulo os possíveis fatores que se podem indicar para um exercício de compreensão desse intrigante paradoxo; para mais além, talvez, daqueles presentes nas asserções prefaciais de Polanyi.

Por ora, sigamos complementando, em amplos traços, a composição do quadrinômio em que se sustenta o ambiente jurídico-político de nosso tempo: 1) o trabalho precarizado; 2) o risco para quem trabalha; 3) a economia do bico e 4) a ideologia da autossuficiência.

2.4. A ideologia da autossuficiência

A crença na impossibilidade ou no alto custo de sobreviver às incertezas do mundo moderno fora crescentemente balizadora de políticas de socialização da cobertura do risco e de outros eventos originadores de estados de necessidade no interior da experiência do Estado-Providência (*Welfare State*).

Viver sempre foi uma aventura para o incerto, fosse na Grécia ática, fosse na baixa Idade Média; tanto o viver no campo quanto na cidade.

O advento da era moderna fez a incerteza saltar, da terra firme em solo, ao intangível "mar sem-fim", na alegoria pela qual Pessoa designa o invulgar encontro com o desconhecido entreaberto pelas navegações dos séculos XV e XVI.[17]

(17) Refiro-me aqui naturalmente ao conhecidos versos no poema "Padrão", o terceiro da Segunda Parte de seu livro "Mensagem": "E ao imenso e possível oceano/Ensinam estas Quinas, que aqui vês,/Que o mar com fim será grego ou romano;/O mar sem fim é português".

Salto que talvez se tenha replicado no domínio da energia atômica durante os anos 1940, e na intensificação da globalização a partir dos anos 1980.

Tratando do fenômeno da globalização nesse período, Ianni (1996, p. 13) chegou a afirmar que ele produziu uma "ruptura drástica nos modos de ser, sentir, agir, pensar e fabular. Um evento heurístico de amplas proporções, abalando não só as convicções, mas também as visões de mundo". Ao abono de sua percepção acerca do quanto foram desconcertantes suas transformações, Ianni colecionou algumas metáforas pelas quais veio a ser qualificada: "desterritorialização", "nova babel", "tecnocosmo", "aldeia global", "fim da geografia".

Examinando os efeitos dessa globalização sobre as relações de trabalho, Faria (1998, p. 137) observou que:

> Ao deflagrar um processo de crescimento sem um aumento correspondente na criação de novos postos de trabalho (fenômeno conhecido como *"jobless growth"*) [...] as ondas de transformação tecnológica dos anos 90 mudaram a estrutura do mercado de trabalho, convertendo o desemprego estrutural na questão crítica da economia contemporânea, criaram novas formas de relacionamento entre o capital e o trabalho e exigiram um novo *"modus operandi"* de todos os atores do comércio internacional. Com isso rebaixaram os trabalhadores na escala profissional e provocaram a heterogeneização das relações salariais, (a) acentuando o fosso entre os ganhos das várias categorias de operários, (b) condenando ao desemprego crônico os menos qualificados, e (c) abrindo o caminho, dessa maneira, tanto para a desradicalização das demandas operárias quanto para o esvaziamento dos modelos social-democratas de transformação social e política.

Como procurei desenvolver em outra ocasião (1997), para além e por efeito da globalização econômica, emergiram também dois fenômenos correlatos. De um lado, um fenômeno que denominei globalização social geral, consistente na aproximação de distâncias geográficas e na homogeneização das expectativas de consumo, de imaginários culturais e de práticas políticas. E de outro, relacionado mais diretamente com as transformações incidentes nos instrumentos de regulação do sistema jurídico — a que chamei de globalização jurídico-política, que se expressa pelo deslocamento da capacidade de formulação, de definição e de implementação de políticas, antes assentadas na soberania do Estado-Nação, em direção a arenas transnacionais ou supranacionais, tencionando e desterritorializando o poder do Estado e a efetividade do regramento jurídico.

Por meio das três dimensões distintas, ainda que correlacionadas, a marcha da globalização desafia as possibilidades da democracia ao contribuir para a erosão dos fundamentos de legitimidade do Estado-Nação. Em outros termos, a intensificação da globalização reabilita o problema da legitimação da dominação política, que se expressa nas variadas formas de resposta ao problema estruturante da legitimidade na política moderna: por que obedecer? Se os fundamentos de obediência sofrem a clivagem da problematização, deixando de ser apenas função de padrões de domínio tradicionais, patriarcais ou patrimoniais, a viabilidade de arranjos democráticos deita raiz na capacidade de se pactuarem redutores procedimentais e materiais para conter o dissenso a limites aceitáveis.

Isso explica em parte porque a democracia, de que foram tão entusiastas alguns *founding fathers* do Iluminismo moderno, somente passaria a exibir sinais de factibilidade a partir do momento que se desenlaça do individualismo; não por seu intermédio, como se poderia supor seguindo de perto as premissas do contratualismo de Locke (1632-1704).

Não há lugar aqui, nem é meu propósito explorar extensamente o tema oceânico do individualismo; desejo apenas pôr em evidência que está na raiz da ideologia, aqui chamada à falta de melhor qualificativo por ideologia da autossuficiência, um indisfarçável apelo romântico de regressão à centralidade da autonomia do indivíduo. Essa regressão se expressa pela crença de que o indivíduo seja capaz, isoladamente, de tomar decisões e de presidir suas ações a partir de escolhas isoladas sob seu comando Essa crença de algum modo parece assentada mesmo nas raízes etimológicas do vocábulo "autonomia" (originário no Grego de αὐτο-, auto-, proveniente de si + νόμος, nomos — comando, norma, lei).

A existência individual da pessoa credencia a ideia de autonomia, que entretanto varia em extensão e importância conforme suas interações com o ambiente (econômico, político, moral, etc.), demais indivíduos, sistemas de relações interpessoais em que se insere, além dos limitadores ínsitos aos predicados de cada ser humano.

Evidente que não se pretende sugerir aqui a irrelevância nem do ser humano — indivíduo — nem do reconhecimento jurídico-político de sua autonomia.

O ponto que desejo pôr em realce consiste no reconhecimento de que as visões de mundo que enaltecem a centralidade da autonomia individual tendem a reproduzir crenças e percepções numa autonomia ontologicamente identificável *tout court*, como se existisse na realidade de forma pura: uma espécie paradoxal de existência material abstrata.

Ainda que pareça ter seu ponto-de-partida radicado no individualismo, o compartilhamento do ideário da autossuficiência reúne ainda outros fatores de importância.

No núcleo estruturante da fábula da autossuficiência habita um certo ser depressivo que Han denomina "sujeito do desempenho": um "animal laborans que explora a si mesmo e, quiçá deliberadamente, sem qualquer coação estranha":

> É agressor e vítima ao mesmo tempo. [...] O sujeito do desempenho está livre da instância externa de domínio que o obriga a trabalhar ou que poderia

> explorá-lo. É senhor e soberano de si mesmo. É nisso que ele se distingue do sujeito de obediência. A queda da instância dominadora não leva à liberdade. Ao contrário, faz com que liberdade e coação coincidam. Assim, o sujeito do desempenho se entrega à *liberdade coercitiva* ou à *livre coerção* de maximizar o desempenho. O excesso de trabalho e desempenho agudiza-se numa autoexploração. Essa é mais eficiente que uma exploração do outro, pois caminha de mãos dadas com o sentimento de liberdade (HAN, 2017, p. 28-30).

Propondo-se a uma retomada crítica da ideia de solidão, a partir dos trabalhos de Freud e Lacan, Tatit e Rosa (2013, p. 142) recuperam uma intrigante correlação entre solidão e o relato da autossuficiência nas falas recebidas em análise, muito convergente com a percepção de Han resgatada há pouco:

> Ao ouvir os sujeitos que se diziam solitários nos demos conta de que eles encarnavam, de certa forma, um conflito da sociedade homogeneizada, que valoriza a coesão de grupo, a harmonia, a felicidade, ao mesmo tempo que incita a autossuficiência, a autonomia e a independência. Os sujeitos estavam sozinhos, mas não podiam sofrer por isso, pois deviam ser autossuficientes.

Tudo parece indicar um certo aprisionamento à ideia de que a autossuficiência constitui um padrão ótimo do individualismo. Não se trata de autossuficiência para a mera autossustentação material, nem de um individualismo estritamente possessivo, aquisitivo ou material. Por outro lado, essa ideologia da autossuficiência interdita o reconhecimento da importância de pensar as interações humanas como ingredientes indissociáveis dos projetos laborais e das referências identitárias relativas à profissão e à carreira. Interdição que incide mesmo sobre a vocação para se reconhecer pertencendo a um grupo ou classe social.

Por consequência dessas e outras interdições, a ideologia da autossuficiência retira da pessoa a capacidade de experimentar jogos identitários que impliquem sua dispersão em referências gregárias homogeneizadoras, como aqueles oportunizados pela cultura da vida comunitária, associativa, sindical e partidária.

Nessa perspectiva, o insulamento provocado pela ideologia da autossuficiência, em lugar do sentimento de completude e suficiência, parece indicar a exasperação da angústia e o encapsulamento da empatia.

Pessoas que se creem bastantes a si próprias tendem a ver na carência alheia um problema igualmente alheio: do Estado, de uma inespecífica entidade "comunitária" ou da própria pessoa carente. Assim, simplesmente como se carências fossem falhas no código genético padrão ("natural") do autossuficiente; um desvio acidental na parábola ordinária da existência, cujas causas dispensassem reconhecimento e intervenção.

Indultando-se pelo descompromisso com a ação coletiva e com a solidariedade, empobrecida pela cegueira sobre sua própria finitude, a contribuição social da criatura autossuficiente fica resumida à viabilidade de um ser só-para-si.

Solitários, insolidários, angustiados e ególatras: os cativos da ideologia da autossuficiência conduzem-se como *flâneur*: vagando indiferente em paralelo à atmosfera aflitiva de seu tempo, de seu trabalho e das necessidades de seus semelhantes. Como *flâneur*, um ser que se mutila e se nega à aventura da *vita activa*, revigorando a crença na irrelevância da democracia e na suficiência da *vita contemplativa*.

Feita a aquarela do quadrinômio que resume a ambiência jurídico-política do trabalho no nosso tempo — precarização, reprivatização do risco, trivialização do bico e ideologia da autossuficiência — passemos nas linhas subsequentes ao exame um tanto mais pormenorizado dos populismos, em especial dos que se notabilizaram cá em nossa aldeia.

3. Ultrapassando as Cancelas de Dois Populismos: Ou por que o Trabalho sob Demanda em Plataforma Tanto Perturba

Já se afirmou que não existe um populismo, mas uma heterogênea variedade de experiências políticas historicamente identificáveis, secundadas por outra miríade de doutrinas, ideologias políticas, projetos de desenvolvimento nacional e até mesmo de perfil de biografia de políticos.

Desse modo parece desnecessário, e creio que seria mesmo uma tarefa de duvidosa utilidade analítica e preditiva, o propósito de ancorar o termo "populismo" a uma definição ou predicação única.

Como advertem com razão Mudde e Rovira Kaltwasser (2017, p. 2), a própria ideia de populismo encerra um conceito essencialmente contestado, na acepção celebrizada por Gallie (2019, de 1956 e 1956-a).

Mas o que se pretende significar ao qualificar o termo populismo como um conceito essencialmente contestado?

A expressão "conceito essencialmente contestado", trivializada na literatura de ciências sociais aplicadas exceto, curiosamente, em trabalhos jurídicos, foi construída a partir da necessidade de identificar ingredientes comuns a certos termos, que diante de uma extensa abertura, imprecisão ou disputa semânticas, tenderiam a se mostrar perturbadores diante do rigor esperado para nomenclatura científica. Seu autor, Walter Bryce Gallie, utilizou originariamente a expressão num *paper*, consubstanciando a conferência por ele apresentada perante a Sociedade Aristotélica Britânica (Aristotelian Society) em 12 de março de 1956 (2019, de 1956). Essa noção marcaria de modo indelével sua carreira até o final, apesar do desejo de seu autor, e a despeito de ter ele próprio produzido outras contribuições de apreciável qualidade.

Logo no mesmo ano em que proferida a mencionada conferência, Gallie (1956-a) publica ainda um artigo em que novamente emprega a citada expressão, já agora se ocupando das conhecidas disputas semânticas e terminológicas que gravitam em torno da ideia de arte.

Por sinal, além da ideia de arte, a noção de conceitos essencialmente contestados foi inspirada nas amplas discordâncias e disputas que estão presentes nos campos, por exemplo, da democracia e da "tradição cristã", só para nos atermos àqueles destacados pelo próprio Gallie. Mais recentemente, talvez não por acaso, a ideia retorna ainda para qualificar a incerteza e os desacordos semânticos expressos na ideia de Estado de Direito (Rule of Law), por ocasião das disputas políticas e judiciais que se travaram em torno das eleições estadunidenses que transcorreram no ano de 2000 entre Al Gore e George W. Bush (WALDRON, 2002).

A recomendação de Mudde e Rovira Kaltwasser (2017) é convincente. Por certo o termo populista corresponde aos ingredientes que definem os conceitos essencialmente contestados: 1) o apelo positivo do termo; 2) sua complexidade interna; 3) diversidade descritiva; 4) abertura semântica; 5) reconhecimento, pelos disputantes, de seu caráter disputado; 6) crescente competição objetivando ampliar a coerência de seu uso na forma de conceito.

Não quero com isso sugerir, por outro lado, que se avalize o emprego do termo populismo com uma acepção tão larga e inespecífica que faça dele uma noção amorfa e despojada de um mínimo de aptidão semântica. Seguindo de perto Collier, Hidalgo e Maciuceanu (2006, p. 212), "Gallie ele próprio, e comentários subsequentes de sobre sua contribuição, expressaram preocupação de que seu approach pode encorajar um relativismo conceitual indesejável e destrutivo". Para esses professores de Berkeley, "apesar de importantes críticas focalizando parte de sua moldura conceitual, e apesar de algumas inconsistências internas a sua moldura, ela oferece um conjunto maior de ferramentas para compreender e analisar conceitos" (*ibid*)[(18)].

Feita a ambientação do termo populismo no cenário mais amplo dos chamados conceitos essencialmente contestados, mas por outro lado buscando conferir-lhe alguns ingredientes que, se não propriamente universais, mostrem-se presentes com nitidez na maioria dos fenômenos qualificados pelo termo populismo, podemos inicialmente pensar em populismo como ideologia.

Novamente a partir de Mudde e Rovira Kaltwasser (2017, p. 6-9) pode-se falar do populismo como uma ideologia "desidratada" (thin-centered ideology), que se caracteriza pela centralidade do antagonismo pelo binômio "povo" — enaltecido por suas virtudes e pureza — em contraposição às "elites" — em geral corruptas, decadentes e inconfiáveis (CANAVAN, 2004; MUDDE, 2004).

(18) No original: "Both Gallie himself, and subsequent commentaries on his contribution, have expressed concern that the approach can encourage a conceptual relativism that is undesirable and destructive. Does this in fact occur? The answers to these questions underscore the abiding value of Gallie's contribution. Notwithstanding important criticisms focused on parts of his framework, and notwithstanding some inconsistencies within the framework, it provides a major set of tools for understanding and analyzing concepts".

Um terceiro ingrediente dessa ideologia é a ideia de que existe uma entidade no exterior desse binômio: o "líder"; que na medida em que saia da coxia e ingresse ao centro do protagonismo político, será capaz de galvanizar a nação para um destino superior no plano ético.

Não é o propósito aqui de refazer o extenso percurso transcorrido pelo populismo em quaisquer de suas dimensões: seja como ideologia, seja como história.

A propósito da ampla literatura já produzida sobre o tema, desde os anos 1960, Cassimiro (2021, p. 1) noticia que em artigo recente, publicado pela *Annual Review of Political Science*, os autores informam que a média anual de *papers* e livros sobre o tema do populismo na base de dados do *Web of Science* subiu de 95 entre os anos de 2000 e 2015 para 615 do mesmo período inicial até 2018.

Por outro lado, também não está entre meu escopo temático um estudo voltado diretamente para resgatar e examinar o percurso da ideia de populismo, seja como ideologia seja como experiência política, mas apenas indicar como certos fatores presentes em diversas experiências populistas — e, em especial, nas duas vagas de populismo da história brasileira — tensionam e são tensionados por alguns arranjos de relações de trabalho que escapam ao modelo típico do emprego de tempo integral.

Num esforço de síntese observo que como ideologia e como experiência histórica, o populismo pode ser indicado, respectivamente, por 1) um conjunto de projetos políticos relativamente assemelhados, tendentes à incorporação controlada de camadas populares na arena política, num cenário de duvidosa hegemonia política (Vargas, Perón, etc.); ou por 2) uma experiência política recente, radicada no binômio "povo" x "elite", baseada na desqualificação da política e dos meios democráticos de representação e de mediação, em geral protagonizada por lideranças ultraconservadoras no plano dos costumes e do respeito à diversidade, em associação com setores ultraliberais do empresariado (Bolsonaro, Trump).

Aproximemo-nos mais detidamente de cada uma dessas espécies; sem perder de vista que embora possam elas ser relevantes para a experiência brasileira, não são de longe as únicas nem tampouco necessariamente aquelas paradigmáticas olhando o fenômeno como um todo.

3.1. O populismo corporativista e o populismo liberal-conservador: alguns aspectos diferenciais

Já me referi anteriormente à maneira pela qual o populismo corporativista e o populismo liberal-conservador diferem sob o ângulo da importância que emprestam às instituições de mediação política.

Agora é o momento de recuperar ao menos algumas contribuições que marcaram de modo permanente a maneira pela qual fomos levados a examinar e a fabular sobre o populismo e seu legado no Brasil.

Desde já necessito destacar que a relevantíssima contribuição ao conceito de populismo e para o populismo como estratégia de interpretação da política, desenvolvida pelo historiador argentino Ernesto Laclau (1938-2014), ainda não receberá aqui a merecida atenção. Isso se deve ao fato de que a perspectiva discursiva que Laclau empresta ao populismo, embora seminal e de grande utilidade na análise do fenômeno sob o ponto de vista linguístico, assim como o conceito de hegemonia que está na essência de sua perspectiva analítica, propõem um itinerário analítico que escapa da estratégia pensada para este trabalho(19).

A principal contribuição de Ernesto Laclau para o estudo do populismo desenvolve-se já numa perspectiva pós-estruturalista, sob influência da filosofia analítica de Wittgenstein, do existencialismo heideggeriano e das teorias de Lacan. Afastando-se, portanto, do repertório marxista que caracterizara seus primeiros trabalhos também sobre o populismo, e seguindo por um caminho que passa a trilhar especialmente a partir do lançamento de sua conhecida obra com Chantal Mouffe, em 1985, "*Hegemony and socialist strategy — towards a radical democratic politics*".

Na síntese de Retamozo (2017) sobre essa perspectiva de Laclau:

> [...] os conceitos mínimos para a compreensão de [sua] teoria do populismo: discurso, hegemonia, antagonismo e a questão dos significantes. Agora bem, um dos problemas da teoria consiste no que podemos chamar a dupla inscrição do status do discurso. Com efeito, por um lado Laclau define o discurso como uma prática de articulação. [...] A segunda inscrição da noção de discurso relaciona-se às práticas que produzem sentido (o que inclui, mas não esgota, o textual e o oral) (RETAMOZO, 2017, p. 163-164).(20)

Feita essa necessária observação, retorno na sequência, particularmente tendo em vista o populismo liberal-conservador, às contribuições de Canavan, 2004; Mudde, 2004; Mudde e Rovira Kaltwasser, 2017; além de outros autores referidos no decorrer do trabalho. Também considero a contribuição de Rosanvallon (2005; 2020), que situa o conceito de populismo como um desafio para a compreensão do alcance do desencantamento da democracia representativa, no intervalo por ele denominado "século do Populismo".

---

(19) Para o conceito de populismo de Ernesto Laclau, além do próprio (2020), ver ainda Gutiérrez Vera (2013); Retamozo (2017); Silva e Baron (2021) e a interessante entrevista de Laclau aos professores Mauro Salazar e Alejandro Osorio (2020). Um importante trabalho sob inspiração e dedicado à contribuição de Laclau, de alguém que com ele já escreveu trabalhos em outros temas com grande repercussão, é o de Chantal Mouffe (2019), intitulado com rara consistência com o argumento que veicula: "Por um populismo de esquerda".

(20) No original: "[...] los conceptos mínimos para la comprensión de [su] teoría del populismo: discurso, hegemonía, antagonismo y la cuestión de los significantes. Ahora bien, uno de los problemas de la teoría es lo que podemos llamar la doble inscripción del *status* del discurso. En efecto, por un lado, Laclau define al discurso como una práctica de articulación [...]. La segunda inscripción de la noción de discurso se relaciona a las prácticas que producen sentido (que incluye, pero no agota, lo textual y lo oral), aunque en un sentido más acotado que el anterior".

3.1.1. O populismo corporativista no Brasil

A literatura voltada para compreender o populismo corporativista de Vargas remonta a alguns trabalhos seminais produzidos já na segunda metade do século XX. Não há como esquecer, aqui, autores como Francisco Weffort (1937-2021) — talvez quem mais sistemática e marcadamente tenha se dedicado a compreender e a explicar o populismo, com vistas sobretudo na realidade brasileira, com seu clássico e obrigatório "O populismo na política brasileira" (1980, de 1978), além muito especialmente de Ângela Maria de Castro Gomes (1987, 1996) e Octavio Ianni (1976), apenas para ficar nos mais referenciados.

Num dos mais belos e completos relatos da trajetória do conceito de populismo, Gomes (1996), falando, portanto, de experiências pregressas, promoveu uma crítica demolidora e convincente sobre a complementariedade entre as duas linhas de desqualificação do populismo como experiência política: 1) a da produção acadêmica da história e das ciências sociais no Brasil; e 2) a da sua apropriação pela imprensa e pelo senso comum(21). Apesar das críticas endereçadas às práticas manipuladoras da experiência populista, Gomes (1996, p. 32) foi cirúrgica ao apontar como a apropriação predominantemente depreciativa do populismo, no senso comum e na opinião pública, orientava-se, em essência, à desqualificação do próprio ingresso das camadas populares como players da arena política. Em síntese, o discurso se estruturava nos seguintes quadrantes:

São populistas os políticos que enganam o povo com promessas nunca cumpridas ou, pior ainda, os que articulam retórica fácil com falta de caráter em nome de interesses pessoais. É o populismo, afinal, que demonstra como "o povo não sabe votar" ou, em versão mais otimista, "ainda não aprendeu a votar". Daí decorre uma série de desdobramentos lamentáveis que, no limite e paradoxalmente, podem justificar a supressão do voto em nome da "boa política".

De todas essas contribuições a mais marcante parece ter sido, como disse, a de Francisco Weffort (MUSSE; VELASCO; CRUZ, 2020). Basicamente, para Weffort é possível em apressada síntese falar de populismo como estratégia política de massas e como estética de governo. De algum modo Weffort examina a evolução do populismo no Brasil em dois momentos, aquele do advento e da afirmação do primeiro Governo

(21) "Ou seja, o exame da categoria exige o reconhecimento da ocorrência de seu deslizamento de uma retórica sociológica erudita para uma retórica política popular, presente nos meios de comunicação de massa e no senso comum da população. Valorar este fato é importante, porque ele pode ajudar a esclarecer alguns aparentes paradoxos. Se o conceito ainda vem sendo utilizado e defendido na academia como de valor, vem igualmente sendo sistemática e fortemente criticado, e mesmo abandonado, por integrantes da mesma academia. Tal debate, que se realiza há mais de uma década, pelo menos, evidencia tanto as variações de sentido do conceito, quanto seus graus de resistência e virtualidade. Contudo, este nível de questionamento parece não afetar em praticamente nada a aceitabilidade e o trânsito do mesmo conceito no uso corrente da sociedade, pois aí ele tem um significado preciso e incorporado à memória coletiva daqueles que, em graus variados, têm participação política: o de estigmatizador de políticos e da política em nosso país" (GOMES, 1996, p. 32).

Vargas, e o que se desenvolve já sobre os alicerces do apoio eleitoral após o fim do período ditatorial.

No populismo do primeiro Vargas, a chave de interpretação do fenômeno populista em Weffort reside nas fraquezas que cada ator político relevante exibe, um em relação aos outros, de tal modo que o pêndulo da afirmação hegemônica tende a migrar para diversas direções. A missão das lideranças que dão sustentação diretamente a Vargas — do próprio Getúlio não raro — consiste em promover um jogo delicado de compromisso, sedução, "manipulação" e "mascaramento"; mesmo talvez uma possível ideia de "aliança" estaria a presidir a leitura de Weffort sobre esse tabuleiro, como recorda Gomes (1996, p. 7-8). Isso, ao lado da neutralização das antigas lideranças oligárquicas da primeira República, que apesar de muito enfraquecidas, ainda exibiam uma importância significativa no equilíbrio relacional de forças. Esses jogos instáveis e delicados seriam função de um ambiente de certa ambiguidade no peso específico de cada ator político relevante daquele processo – algo que será mais tarde muito indicado pela metáfora ao "bonapartismo"(22).

Sob o ponto de vista das instituições jurídicas é possível destacar que o populismo do primeiro Vargas rendeu um documento excepcionalmente coerente, e ainda que não fosse proclamado como um código, exibia uma inteireza e uma coerência nos seus valores, fundamentos normativos, nomenclatura e funcionalidade sistêmica que sinto jamais foram alcançadas por outro código no Brasil desde então: a Consolidação das Leis do Trabalho — CLT.

A unidade e a funcionalidade sistêmica desempenhadas pela CLT alcançaram extraordinária porosidade na cultura e no funcionamento das instituições estatistas e verticais do corporativismo de Vargas. Não por acaso foi tão rapidamente assimilada como um valor exponencial em meio a todo o edifício institucional daquele populismo. Cada peça de toda engrenagem guardava coerência com o sistema trabalhista e sindical, conferindo-lhe sustentação e racionalidade: 1) um direito individual autoritário, impositivo, domesticador, minudentemente regrado em lei federal; 2) um sistema de solução de

(22) Bernardo Ricúpero esclarece detalhadamente a ideia de bonapartismo no cenário mais amplo de fraqueza e ambiguidade na correlação de forças entre os atores dominantes, em suas relações com a chave analítica desenvolvida por Marx n"O 18 Brumário": "A célebre caracterização de *O 18 Brumário de Luís Bonaparte* motiva uma viva polêmica a respeito de se o bonapartismo deve ser entendido como um fenômeno histórico específico ou a forma normal de governo da burguesia desde o desenlace da Revolução de 1848. Na primeira linha, o livro mostra como, ao longo da II República francesa, o proletariado socialista, a pequeno-burguesia democrática, os burgueses de ideias republicanas do *Le National*, os latifundiários legitimistas e a burguesia industrial e financeira orleanista unidos no Partido da Ordem, vão sucessivamente saindo da 'cena política' — exaustos — até que só resta Luís Bonaparte, apoiado no lumpenproletariado da Sociedade 10 de dezembro e nos pequenos camponeses parcelários, a classe mais numerosa da nação. Por outro lado, é possível argumentar, como faz Marx, quase vinte anos depois, em *A Guerra Civil na França*, que o bonapartismo é a 'única forma de governo possível num tempo em que a burguesia já tinha perdido a faculdade de governar a nação e a classe operária ainda não tinha adquirido'."

conflito desde sempre heterocompositivo; 3) um sistema sindical artificial, modelado por fatores apriorísticos e rigidamente controlado e calibrado pela vigilância, pelo custeio, e pelos favores ("prerrogativas") monopolisticamente assegurados pelo Estado aos leais e dóceis dirigentes do sindicato oficial (FREITAS JÚNIOR, 1989). Tudo se completava num mecanismo retroalimentador tão engenhoso que, malgrado os golpes que sofreu no processo de afirmação de Bolsonaro, ainda exibe sinais de persistência e alguma relevância institucional. Isso apenas para não falar das dimensões agigantadas da Justiça do Trabalho, da advocacia e do Ministério Público do Trabalho, com suas derivações no campo das chamadas "atividades auxiliares", assistência judiciária sindical, perícias, etc. Em síntese: seja para criticar, seja para enaltecer, o que se fez e o que restou do tanto que durou e do tanto que sofreu não pode ser tido como um legado desprezível.

Mais que isso: um legado singular em duração e funcionalidade, que chama a atenção pelo fato de ter sido por muito tempo validado por diferentes forças da política institucional; algumas até sem vínculos mais evidentes com o juslaboralismo de origem corporativista.

Recordemos em primeiro lugar o fato de o sistema sindical de Vargas ter resistido às pressões da Constituinte, sob Dutra. Estudiosos desse fenômeno indicam certa divergência da interpretação das razões dessa persistência. Para Weffort (1978, p. 7-13), essa persistência explica-se sobretudo pela tibieza na objeção das forças que então se opunham à compatibilização de sindicato corporativista e democracia política; para esse autor em especial os comunistas, os liberais da UDN e os socialistas. Para Weffort, cada uma delas a seu modo e por razões distintas, interpretou a conjuntura política daquele momento como "sobredeterminada por razões políticas", relegando a uma importância secundária a luta pela superação do sindicato corporativista. Para Luís Werneck Vianna (1978), numa direção contrastante com a de Weffort, a chave para a compreensão da sobrevida do sindicato corporativista nesse estágio de transição política do Brasil melhor se expressa pelo reconhecimento do proeminente papel exercido por Vargas sobre aquela Constituinte, ainda que por meio das alianças que costurou antes de deixar o poder, fortalecidas pelo apelo que a figura do velho caudilho ainda exercia à sombra da presidência de Dutra. Como sublinha Vianna (1978, p. 266-270):

> As forças triunfantes da redemocratização 'pelo alto' sem Vargas, tendo impedido a consagração constitucional do princípio da autonomia sindical, restringido o direito de greve e dado sequência ao papel institucional da Justiça do Trabalho sob o Estado Novo, devolviam ao Estado seu corte hierático e preservavam o corporativismo. [...] Apesar da continuidade com a ordem anterior, o pós-46 operava uma importante diferenciação nas relações entre o Estado, o capital e o trabalho. No Estado Novo, era o Ministério do Trabalho acoplado aos sindicatos a peça que ordenava e amparava todo o sistema da CLT. Agora, esse papel se transferiria para a Justiça do Trabalho, cuja competência normativa se constituía no eixo da política para as classes subalternas.

De qualquer modo, alguns fundamentos do populismo corporativista estariam entre os alicerces que viabilizaram essa redemocratização "pelo alto", aludida por Vianna. Os mesmos fundamentos que de algum modo estiveram na essência da engenharia institucional de seus principais artesãos — entre os quais sobressai a figura de Francisco José de Oliveira Vianna — e permanecem assombrando os principais momentos de amadurecimento e de ruptura institucional pelo qual o Brasil passará após o advento da Constituição de 1946 (FREITAS JÚNIOR, 1988).

Em primeiro lugar um eloquente desapreço, um zombeteiro descrédito para com as instituições da democracia liberal; ainda que seja bom ter presente que a democracia liberal, que mereceu seu repúdio, consistia no até então simulacro de experiência democrática que o regime oligárquico da Primeira República simbolizou.

Em segundo lugar, também tenhamos em conta uma certa visão predominantemente "organicista" da sociedade, vista sob o prisma funcional do papel desempenhado por seus principais segmentos sociais. Os principais arquitetos das instituições corporativistas que cimentavam o populismo de Vargas acreditavam ser capazes de aproximar, na conhecida expressão de Oliveira Vianna, "o país formal do país real", por meio de ações, promovidas ou encorajadas pelo Estado, de modelagem associativa. O sindicato corporativista por eles idealizado era visto como o único remédio institucional para superar o que Oliveira Vianna reputava ser o principal obstáculo do Brasil: seu atávico insolidarismo.

Um terceiro importante fundamento, diria eu mesmo estruturante da doutrina e da engenharia institucional corporativistas presentes no Brasil, que tanto forneceram substância programática ao populismo de Vargas, especialmente a partir de um Oliveira Vianna sob influência de Azevedo Amaral, foi a defesa da substituição das instituições deliberativas cuja composição resulta do sufrágio universal, por câmaras classistas de representação "das forças econômicas da produção": especialmente empresariado, trabalhadores e profissionais liberais organizados sob parâmetros, chancela e controle do Executivo (FREITAS JÚNIOR, 1989, 2014-a). Nesse sentido vem o necessário realce da importância de Azevedo Amaral para o panorama doutrinário daquele período, em Vieira (1981, p. 79-90):

> A representação de classes – escreve Azevedo Amaral – ou que outro nome tenha e contra a qual se insurgem hoje os que a julgam demasiadamente complexa e adiantada para o nosso estado atual, foi e continua a ser o único processo de relativa eficácia para o estabelecimento de um sistema representativo verídico entre nós (VIEIRA, 1981, p. 81).

Esse movimento doutrinário exibirá contornos nitidamente tangíveis na dicção dos arts. 57 a 63 da Constituição outorgada por Getúlio em 10 de novembro de 1937:

> Art. 57 – O Conselho da Economia Nacional compõe-se de representantes dos vários ramos da produção nacional designados, dentre pessôas qualificadas pela sua competência especial, pelas associações profissionais ou sindicatos reconhecidos em lei, garantida a igualdade de representação entre empregadores e empregados. [...]

> Art. 61 – São atribuições do Conselho da Economia Nacional:
>
> *a)* promover a organização corporativa da economia nacional;
>
> *b)* estabelecer normas relativas à assistência prestada pelas associações, sindicatos ou institutos;
>
> *c)* editar normas reguladoras dos contratos coletivos de trabalho [...]
>
> *d)* emitir parecer sobre tôdos os projetos, de iniciativa do Govêrno ou de qualquer das Câmaras, que interessem diretamente à produção nacional [...]
>
> Art. 63 – A todo tempo podem ser conferidos ao Conselho da Economia Nacional, mediante plebiscito a regular-se em lei, poderes de legislação sôbre algumas ou todas as matérias de sua competência.
>
> Parágrafo único – A iniciativa do plebiscito caberá ao Presidente da República, que especificará no decreto respectivo as condições em que e as matérias sôbre as quais poderá o Conselho da Economia Nacional exercer poderes de legislação (grafia original).

As atribuições legislativas do Conselho jamais vieram a ser outorgadas pelo referido plebiscito, mas fica patente que o seu significado e a sua destinação, desde o início, foram desenhados como alternativa à representação parlamentar investida de mandato livre mediante sufrágio universal. A inscrição expressa desse permissivo no texto da Carta de 1937 documenta os fundamentos doutrinários em que foi alicerçada, bem como o propósito de ter, entre as ferramentas constitucionais ao alcance político do Chefe de Estado, um possível movimento na direção da substituição do mandato livre, característico da representação política da democracia liberal, pelo mandato imperativo da representação de interesses, típico das câmaras corporativas.

Isso tudo precisa ficar bem nítido e apreensível para a percepção dos observadores da experiência populista de Vargas, de modo a que seja possível olhar em perspectiva e compreender as causas, os propósitos e, muito especialmente, o significado político que traçam a moldura doutrinária do juslaboralismo simbolizado pela CLT. Não considero produto aceitável de nenhuma suposta racionalidade técnica, nessa agenda, uma visada acrítica sobre a específica formação política em que se inscreve e por meio da qual se faz cativo o direito do trabalho que se afirma com o populismo de Vargas. Em lugar de técnica e racional, estaríamos falando de ideologia e mascaramento.

Os movimentos promovidos pelo populismo corporativista, no sentido de, a um só tempo, 1) conferir cidadania, pelo reconhecimento de direitos aos trabalhadores, antes ignorados ou criminalizados no cenário das instituições políticas brasileiras; mas 2) aprisioná-los à moldura "profissional" disciplinada pela rigorosa e vigilante chancela estatal, foram exemplarmente sintetizados por Wanderley Guilherme dos Santos (1979, p. 76) por meio da consagrada noção de "cidadania regulada":

> A regulamentação das profissões, a carteira profissional e o sindicato público definem, assim, os três parâmetros no interior dos quais passa a definir-se a cidadania. Os direitos dos cidadãos são decorrência dos direitos das

profissões e as profissões só existem via regulamentação estatal. O instrumento jurídico comprovante do contrato entre o Estado e a cidadania regulada é a carteira profissional que se torna, em realidade, mais do que uma evidência trabalhista, uma certidão de nascimento cívico.

Por merecidamente severos que devam ser os juízos endereçados à aventura populista do liberal-conservadorismo dos nossos tempos – e o de Bolsonaro entre eles, nada autoriza a apropriação do legado corporativista do populismo de Vargas despojada de balizamentos críticos.

Resta compreender exatamente o papel do sindicato nesse cenário. Seguramente o lugar reservado pelo populismo corporativista ficara muito distante de qualquer missão de aglutinação dos trabalhadores para, mediante sua auto-organização e ação coletiva, competirem livremente na arena política para afirmar seu poder e sua independência. Também por esse motivo o espaço confiado à negociação coletiva do trabalho e à ação direta das organizações de trabalhadores seria, em grande medida, substituído por aquele endereçado à Justiça do Trabalho, em especial por meio de seu poder normativo: pelo poder, confiado a terceiros alheios à relação capital –trabalho, de ditar os termos dentro dos quais passariam a conviver enquanto sujeitos coletivos.

Mas se tudo o que substancialmente importa, para a regulação da relação entre trabalhadores e patrões, ficara reservado à esfera decisória de terceiros — leis, Justiça, Administração: em suma, ao Estado — é hora de voltar à questão referente ao papel dos sindicatos na arquitetura institucional corporativista. Basicamente, o sindicato no interior do populismo corporativista era uma ferramenta desenhada pelo e para o Estado; não para trabalhadores. Sua função precípua, desde o momento em que diretamente criados (como no caso das Confederações), ou quando "investidos", pela outorga ministerial, nas prerrogativas que a lei lhes reservava (nos demais casos), fora a de promover a domesticação dos trabalhadores aos interesses e às expectativas do Estado. Em apressada síntese pode-se afirmar que o sindicato, no sistema institucional do populismo corporativista, era um instrumento disponibilizado ao Estado para a arregimentação, a manipulação e o controle coletivo dos trabalhadores.

Tais predicados de manipulação e de controle constituem um ingrediente adicional para explicar as razões pelas quais o sindicato corporativista criado a partir do populismo de Vargas tenha resistido tão íntegro e por tanto tempo, mesmo após o advento da Constituição democratizante de 1946.

Lideranças políticas sem ascendência ideológica diretamente radicada nas doutrinas corporativistas, como Juscelino por exemplo, não se furtariam à preservação do modelo sindical de Vargas. Em sua Mensagem ao Congresso na abertura da Sessão Legislativa de 1956, logo no ano inicial de seu mandato, Kubitschek cuidou de assegurar que seriam "mantidos o princípio da unidade sindical e a obrigatoriedade do imposto sindical, nos quais se esteiam o poder de representação e autossuficiência dos sindicatos brasileiros" (OLIVEIRA, 1956, p. 164).

Após o golpe de 1964, durante os Governos militares a manutenção do sindicato corporativista foi reiteradamente defendida como um instrumento importante nas estratégias de controle político dos trabalhadores; e para tal propósito não se furtaram a promover 1.206 intervenções sindicais entre 1964 e 1979 (FREITAS JÚNIOR, 1989). Somente após o início dos anos 1980, tendo Murillo Macedo à frente do Ministério do Trabalho, o discurso oficial passaria a se mostrar sensível à importância do debate político respeitante à manutenção ou à mudança do legado sindical de Vargas.

Quase vinte anos após os movimentos protagonizados por sindicatos de trabalhadores da indústria automobilística e metalúrgica da região do Grande ABC paulista, muito em particular mercê da liderança galvanizadora de Luiz Inácio da Silva à frente do sindicato dos trabalhadores metalúrgicos de São Bernardo do Campo entre os anos 1970 e 1980 – acidamente crítico ao legado sindical de Vargas não raro por ele qualificado de "fascista", o já então Presidente Lula da Silva irá enviar ao Congresso Nacional, em 3 de fevereiro de 2005, a Proposta de Emenda à Constituição (PEC n. 369/2005) e o Projeto de Lei de Relações Sindicais composto de 238 artigos. No dizer de seu Ministro de Estado do Trabalho e Emprego, Ricardo José Ribeiro Berzoini, lançado à Exposição de Motivos da referida PEC:

> A Reforma da Legislação Sindical é um os mais caros compromissos de mudança desta gestão, em função do atraso estrutural das normas vigentes. Permitir uma organização sindical realmente livre e autônoma em relação ao Estado, além de fomentar a negociação coletiva como instrumento fundamental para solução de conflitos, são objetivos essenciais para o fortalecimento da democracia e estímulo à representatividade autêntica (BRASIL, 2005).

A iniciativa política preconizada pelo Ministério do Trabalho e Emprego, secundando um calibroso exercício de concertação política desenvolvido no âmbito do chamado "Fórum Nacional do Trabalho – Espaço de Diálogo e Negociação", e dando consequência ao discurso presidencial que acompanhara a biografia do então Presidente desde seu tempo como dirigente sindical, resultou em mais um fracasso(23).

E não foi esse o primeiro fracasso de tentativas importantes de ruptura ou de superação dos alicerces do sindicato corporativista no Brasil. Falando do término melancólico da gestão de Murillo Macedo à frente do Ministério do Trabalho, pelo qual nos deixou

(23) Por ter eu integrado a equipe técnica de redação de ambos os projetos — da PEC e do Anteprojeto de Lei (sem, todavia, nenhuma participação política direta naquela Administração), devo fazer esse registro de modo a permitir um controle do leitor a eventuais conflitos potenciais de interesse que possam emergir da relação entre o autor e os fatos narrados. Por certo tenho pessoalmente diversas hipóteses para explicar o insucesso dessa iniciativa política, mas eu as reservarei para outra ocasião na medida em que, pelo que já informei, os papeis de analista e de observador-partícipe daquela experiência confundem-se aqui em intensidade e forma que estão a recomendar contenção e parcimônia.

87 sindicatos sob intervenção e um anteprojeto de regulação da negociação coletiva e do direito de greve que mereceu eloquente reprovação dos mais diferentes setores organizados da sociedade, pareceu-me adequado sublinhar um fator presente em muitas delas. Pondo de lado algumas experiências peculiares — como parece ter sido a dos sindicatos "paralelos" criados pelo Partido Comunista no final dos anos 1940 e a das "ligas camponesas" de Francisco Julião(24) — todas as iniciativas destinadas à superação do sindicato corporativista adotaram como estratégia a luta pela conquista de espaços no interior do próprio sistema sindical. Todas parecem ter sobrestimado sua capacidade de ruptura e subestimado o poder de funcionalização que o sindicato corporativista exibiu e continua a exibir, malgrado a oxigenação que mereceu com o Texto de 1988, e os fortes golpes sofridos com a Reforma Trabalhista de 2017.

Durante quase duas décadas procurei compreender exatamente os motivos que explicam a persistência do sistema sindical corporativista e o insucesso das inúmeras tentativas — mais ou menos sinceras — que advogaram sua superação. Não fui além da confirmação de algumas hipóteses, talvez não suficientes para dar conta de toda a complexidade desse fenômeno. Também não farei, desta ocasião, o momento de retomar a referida linha de indagações e de pesquisa. Fico satisfeito se tiver podido realçar a extraordinária resiliência do sindicato corporativista legado do populismo de Vargas, que se mostrou capaz de sobreviver à Constituição de 1946, ao golpe de 1964, à Constituição de 1967 com a Emenda de consolidação promovida pelo Ato Institucional 6, de 1969, à Constituição "cidadã" de 1988, à retórica da autonomia e liberdade sindicais dos Governos do Partido dos Trabalhadores, e até mesmo à Reforma Trabalhista que, no Governo Temer, entreabre a vaga do populismo liberal-conservador de Bolsonaro.

Convenhamos, portanto, que o sindicato corporativista legado do populismo de Vargas (a exemplo de outras de suas instituições, embora não exatamente pelos mesmos motivos)(25) constitui um dos alicerces do Brasil moderno, industrial e urbano. Sua importância não foi modesta, seja para a política brasileira nesses quase noventa anos, seja para a afirmação e a consolidação do pensamento juslaboral que ainda prevalece entre nós.

---

(24) Advogado e integrante do Partido Socialista de Pernambuco, Francisco Julião assumiu em 1948 a defesa jurídica da Sociedade Agrícola e Pecuária de Pernambuco — SAPP, primeira associação camponesa do Estado, constituída por trabalhadores do engenho Galileia, situado em Vitória de Santo Antão, zona da mata pernambucana, que servirá de modelo para a criação de outras associações mais tarde conhecidas pela denominação genérica de "Ligas Camponesas".

(25) Não me refiro aqui apenas à Petrobras, à criação de empresas fundamentais como a Companhia Siderúrgica Nacional, a Companhia Vale do Rio Doce, a Hidrelétrica do Vale do São Francisco; o que já não seria uma herança modesta. Mas por outro lado, quando penso no legado de Vargas, tenho em mente a criação do Banco Nacional de Desenvolvimento Econômico — o então BNDE, o Instituto Brasileiro de Geografia e Estatística — IBGE, a reforma do sistema eleitoral do Código de 1932 (suspenso durante o Estado Novo mas que deixaria sua importância marcada na restauração de 1945, com a Lei Agamenon), e a criação, em 1951, do Conselho Nacional de Desenvolvimento Científico e Tecnológico — CNPq.

O ponto que desejo enfatizar, numa perspectiva um tanto diversa, é o de que a incorporação de trabalhadores, conferindo-lhes direitos "trabalhistas", para desse modo torná-los "cidadãos profissionalmente catalogados", publicamente organizados e representados, foi sim, um projeto de concessão e de reconhecimento de direitos. Mas de outra parte foi também, de igual modo, uma estratégia de "domesticação" e de controle. A ambiguidade subjacente a esse projeto de "cidadania juslaboral" fez dele um passo adiante na direção da aquisição de direitos pelos trabalhadores, e noutro para trás interditando sua autonomia.

Isso explica a indexação das estratégias regulatórias do direito do trabalho, constituído com a finalidade de dar sustentação ao projeto de "cidadania regulada", a um cenário peculiar de relações trabalhistas. Um cenário em que predominam relações de trabalho características de atividades industriais, nas quais se destaca o emprego típico, de oito horas ao dia e seis dias por semana, de salário fixo pré-ajustado e mediante nítido vínculo de subordinação direta do prestador ao tomador do trabalho. Essa espécie de relação de trabalho comportou e segue comportando uma eficiente ação reguladora, seja por meio de limitações que incidem sobre a quantidade de trabalho — medida por hora e dia – seja por via da fixação da sua respectiva contraprestação salarial.

Esse modelo de relação típica de emprego aceita o emprego da lei como instrumento de regulação, do Estado como fonte de efetivação, e de formas heterônomas de composição de conflito como veículos calibradores do dissenso (para as quais a Justiça do Trabalho foi criada e tão elevados serviços veio a prestar). Por essas características, o modelo de regulação da relação de trabalho decorrente do populismo corporativista, apesar de toda sua proeminência, porosidade e adaptabilidade a cenários não industriais de atividade econômica, não se mostra à altura de dar conta de relações como a do trabalho sob demanda em plataformas digitais.

3.1.2. O populismo liberal-conservador de Bolsonaro

A orientação liberal-conservadora prevalece nas experiências populistas do século XXI. É bem verdade que existem experiências que comportam legitimamente o qualificativo de populistas, como a da Venezuela de Chaves e Maduro, que todavia se afastam da retórica e das políticas tipicamente liberal-conservadoras que definem as Administrações de Trump, Bolsonaro, Orbán, entre outros.

Por esse motivo alguns autores preferem destacar as experiências populistas com viés liberal-conservador como sendo aquelas que caracterizam o fenômeno como disseminado em diferentes países e continentes na atualidade. Em outros termos, estamos aqui a falar do recorrente problema de saber se, e em que medida, experiências populistas podem assumir orientações conservadores ou progressistas, de direita ou de esquerda, para usar os qualificativos até hoje mais correntes. Essa hipotética ambivalência nas formações discursivas populistas, tão bem explorada por autores como Laclau entre outros aos quais retornaremos mais adiante, bastante sedutora diga-se, não descredencia o olhar aqui predominantemente endereçado ao populismo liberal-conservador; ou se se preferir: de extrema-direita.

Ainda que experiências como a venezuelana possam credenciar uma abertura conceitual à ideia de "populismo de esquerda", o populismo de que nos ocuparemos aqui é o populismo que interdita direitos sociais, que desqualifica sindicatos e organizações sociais; o populismo que regride na tutela dos direitos humanos, o populismo que enaltece o mercado despojado de controle, que nega a ciência, zomba das mudanças climáticas, e que finge ignorar o racismo estrutural: esse é o populismo que está a desafiar o direito do trabalho; no Brasil e em muitos outros países no momento em que escrevemos estas linhas. Esse é o motivo pelo qual faço aqui dele o alvo de nosso olhar.

Num ponto Mudde e Rovira Kaltwasser (2017), Câmara (2021) e Lamour (2022) parecem convergir: as experiências políticas populistas podem se expressar em ambientes políticos de liberdade e democracia política; ainda que populistas liberais-conservadores não se notabilizem pelo apreço nem pelo zelo por instituições e valores democráticos.

Mesmo se referindo a orientação que aqui designo liberal-conservadora, Lamour (2022, p. 8) chama a atenção para importantes diferenças entre práticas populistas protagonizadas por líderes como Berlusconi, daquelas que caracterizam os projetos de extrema-direita que desafiam as instituições democráticas como os de Trump, do austríaco Georg Heider, do italiano Matteo Salvini; e eu acrescentaria do húngaro Viktor Orbán e de Bolsonaro.

De qualquer modo todas elas parecem compartilhar algumas crenças e práticas muito semelhantes.

Duas delas chamam à atenção e por esse motivo aqui as destaco na qualificação dessa modalidade de populismo: 1) uma cega deferência, quase religiosa, ao que supõem serem aptidões reguladoras do mercado; e 2) uma quase anedótica e obstinada celebração de valores conservadores em matéria de gênero, orientação sexual, família nuclear hetero-parental, proeminência da autoridade masculina — em geral combinada com homofobia, misoginia e xenofobia.

Nessa segunda janela de crenças sobressaem variados laivos de "anticonvicções": uma espécie de descrença pré-moderna em muitas, senão em todas as conquistas da razão e nas evidências do conhecimento científico. No eixo dessa recusa em ultrapassar as fronteiras entre o moderno e o arcaico, um vezo a que muitos observadores passaram a denominar "negacionismo" (RENNÓ; AVRITZER; CARVALHO, 2021), gravitam variadas asserções, quase axiomáticas, conquistadas pela história, pela razão e pela consciência modernas. Somente para lembrar negações mais recorrentes, temos: 1) afirmar a incredulidade nos benefícios imunizantes das vacinas; 2) recusar-se a reconhecer a expansão do desmatamento na Amazônia e no serrado brasileiros, assim como a marcha do aquecimento global e suas ameaças à vida no planeta (LOCKWOOD, 2018); e 3) refutar a persistência na sociedade brasileira do racismo estrutural, envolvendo negros, indígenas e outros povos ancestrais, bem como de seus subprodutos como a iniquidade, o sofrimento humano e a ilegitimidade nas instituições democráticas no Brasil.

Tudo indica ser ainda muito incipiente a investigação social destinada a estimar, com tangível evidência, a provável medida em que essas crenças e incredulidades são genuínas, ou se funcionam como espécie de "tatuagem" para ostentar o pertencimento gregário à horda dos que se ocupam de promover o ódio e o tensionamento das instituições políticas da democracia; seja no "cercadinho" palaciano, seja por meio das mídias sociais.

Também a incapacidade de ruborizar com a mentira ou com a validação e subsequente propagação solene de asserções consciente e manifestamente mentirosas, por parte de líderes do populismo liberal-conservador, rompe uma tradição na liturgia dos discursos presidenciais. Políticos, como pessoas em geral, mentem, e mentiram desde sempre. Particularmente nas democracias do ocidente, contudo, a palavra dos governantes sempre foi presumida como expressão da verdade ou ao menos da sincera convicção compartilhada pelo governante. São muitos e conhecidos os episódios em que a circunstância de ter sido pego mentindo foi devastadora para a sobrevida política do governante. Recordemos como a mentira, no célebre episódio conhecido como Watergate, foi decisiva para a ruína da Administração Nixon, simbolizando a maneira pela qual a sociedade estadunidense tradicional conferia relevância à crença na verdade da fala presidencial; até a afirmação do estilo Donald Trump de retórica presidencial. A mera aparência de conhecimento, pelo Presidente Fernando Collor, dos malfeitos praticados por seu tesoureiro de campanha, conterrâneo e amigo Paulo César Farias, foi aceita como decisiva para a interrupção de seu mandato. Não foi muito diferente o efeito causado pelas evidências da participação de Gregório Fortunato, chefe da Guarda Pessoal de Vargas e seu conterrâneo de São Borja, no atentado da rua Tonelero, revigorando as suspeitas de que agira ao menos com o conhecimento de Getúlio. Mesmo quando referentes a questões privadas, mentiras públicas presidenciais são moralmente condenáveis, como notabilizado no deplorável escândalo sobre a conduta inadequada do Presidente Bill Clinton e a ex-estagiária da Casa Branca, Monica Lewinsky.

Levitsky e Ziblatt (2018) por diversas vezes sublinham que a estabilidade ou a duração da democracia estadunidense tem sido, em grande parte sustentada por regras "não escritas", consuetudinárias e que seu crescente abandono nas práticas políticas atuais pode ser visto como um perigoso sintoma de fragilidade institucional. Esses autores chamam a atenção para regras quase estruturantes daquele sistema político, como o do respeito ao opositor como um rival (antes que como um inimigo a ser banido da arena política), e o do uso parcimonioso dos poderes constitucional e formalmente assegurado aos oponentes na arena política: Executivo e parlamentares. Assim, por exemplo, o escrupuloso exercício do poder nas nomeações presidenciais e, sob o ângulo dos parlamentares, a moderação no emprego das práticas (lícitas) de obstrução parlamentar (*filibuster*).

As regras não escritas têm pesos simbólicos e políticos distintos; sendo umas estruturantes e outras, quanto sem esse peso fortemente estabilizador, constituem fontes importantes de previsibilidade e civilidade do comportamento dos atores políticos em seus jogos cotidianos.

Referindo-se a Trump, Levitsky e Ziblatt (2018, p. 197-203) apontam que a regra costumeira de não mentir jamais foi tão descumprida:

> Talvez o mais notório comportamento transgressor do Presidente Trump foi o de mentir. A ideia de que presidentes deveriam dizer a verdade em público é incontroversa na política estadunidense. [...] A rotina do Presidente Trump de produzir invenções descaradas não tem precedente. Suas tendências se manifestaram durante a campanha de 2016. [...] Trump continuou a mentir como presidente. Seguindo todos os pronunciamentos públicos presidenciais desde sua posse, o *New York Times* mostrou que, mesmo por uma métrica conservadora – declarações de falsidade demonstrável e não apenas meramente dúbias – Presidente Trump alcançou algo prodigioso: fez ao menos uma declaração falsa ou enganosa por dia durante seus primeiros quarenta dias de mandato Levitsky e Ziblatt (2018, p. 198).(26)

No populismo liberal-conservador, a julgar pela iteração de discursos como os de Trump e Bolsonaro(27), a mentira — talvez na expectativa de que mentir reiteradamente

(26) No original: "Perhaps President Trump's most notorious norm-breaking behavior has been lying. The idea that presidents should tell the truth in public is uncontroversial in American politics. [...] President Trump's routine, brazen fabrications are unprecedented. [...] Trump continued to lie as president. Tracing all the president's public statements since taking the office, the *New York Times* showed that even using a conservative metric - demonstrably false statements, as opposed to merely dubious ones — President Trump 'achieved something remarkable': He made as least one false or misleading public statement every single day of his first forty days in the office."

(27) Apontando marcadores estatísticos das mentiras proferidas por Bolsonaro, a página "congressoemfoco" da UOL reproduziu os seguintes quantitativos: " O presidente Jair Bolsonaro deu uma média de 6,9 declarações falsas ou distorcidas por cada dia de 2021, indicou um levantamento da agência de checagem "Aos Fatos". No segundo ano da pandemia, o político do PL disse inverdades e mentiras acima da média do seu mandato, que seria de 4,3 mentiras desde sua posse em janeiro de 2019. Os dados apontam que o presidente acelerou sua profusão de mentiras nos últimos doze meses: em 2019, de acordo com o levantamento do Aos Fatos, 606 declarações foram classificadas como falsas ou distorcidas — uma média de 1,6 por dia. No ano seguinte, já eram 1.592, ou 4,36 para cada dia. No ano passado, 2.516 falas continham informações sem base na realidade, ou 6,9 por dia" (MENDES, 2022). Pondo de lado o acerto matematicamente escrupuloso e analiticamente rigoroso desses números, a notícia é suficiente para evidenciar dois aspectos relevantes de

seja capaz de produzir verdade — trivializou-se no discurso presidencial. Ainda seguindo de perto a percepção de Levitsky e Ziblatt (2018, p. 198), embora Trump ele próprio não dê muita atenção às suas mentiras, e mesmo que seus eleitores, apesar das mentiras, durante muito tempo não o consideraram um político desonesto, as consequências decorrentes da desonestidade são potencialmente devastadoras. Como destacam os autores: "sem informações críveis sobre o que nossos líderes eleitos fazem não podemos efetivamente exercitar nosso direito de voto" (2018, p. 190).

De igual modo também muito característica do populismo liberal-conservador é a maneira pela qual a comunicação pública é organizada. Já falei que o populismo liberal-conservador sistematicamente desqualifica a imprensa e os veículos de comunicação tradicionais, à semelhança do que procura fazer com outras instâncias de representação e de mediação políticas. Para contornar os freios exercidos pelos procedimentos de verificação e pela investigação característicos do trabalho jornalístico, as práticas de comunicação oficial nas mídias do populismo liberal-conservador são orientadas para construir narrativas unilaterais e monológicas na sua margem, veiculando-as pelas redes sociais diretamente ao seu público-alvo (ENGESSER *et al*, 2017).

A estratégia de comunicação que se estabelece é consistente com a "missão" confiada ao "líder" (ou a quem se expresse em seu nome), na gramática do populismo, de falar diretamente com "seu" povo. Isso significa não apenas a busca pelo estabelecimento de uma interlocução infensa às clivagens da imprensa e de outros atores que interferem na modulação da da opinião pública; afirma claramente sua desqualificação para as instâncias representativas: seja da representação política (partidos), seja da representação de interesses (sindicatos). Como sublinham Fragale Filho e Gomes (2021), focalizando o caso do Brasil:

> Não há lugar para discussão, para uma construção social coletiva que abarque simultaneamente maioria e minoria, que negocie as prioridades sociais e políticas de acordo com os detentores de capitais políticos rotineiramente expressos por meio de resultados eleitorais. Eliminar o Outro, silenciar a sociedade civil, erradicar todos os corpos intermediários são ameaças à democracia que colocam em questionamento o futuro do Brasil.(28)

---

meu argumento: 1) a mentira nas falas presidenciais tornou-se trivial e 2) essa banalização desacredita a autoridade da Presidência, desautoriza o discurso oficial, endossa críticas da imprensa crescentemente instadas à conjugação do dever de noticiar com o de apurar e publicar fatos demonstráveis — em franca desqualificação dos pronunciamentos palacianos, e, no que mais importa, tudo isso contribui para o esgarçamento da credibilidade da política como arena de diálogo e da democracia como cenário heterogêneo de verdades; não de mentiras.

(28) No original: "There is no place for discussion, for a collective social construction which embraces simultaneously majority and minority, that negotiates social and political priorities accordingly to political capitals routinely expressed through electoral results. Eliminating the Other, silencing civil society, eradicating all intermediate bodies are threats to democracy which place an interrogation on Brazil's future".

Halikiopoulou (2019) destaca como apelo, na narrativa populista, uma espécie de nacionalismo "cívico" em que figuram características um tanto diferentes daquelas próprias ao apelo nacionalista do nazifascismo tradicional:

> A adoção dessa forma de nacionalismo cívico, que opera exclusões em bases ideológicas em lugar de critérios biológicos de pertencimento nacional, pode ser visto de muitas formas como a 'fórmula vencedora' do populismo de extrema-direita, oportunizando o apelo por um vasto campo de grupos sociais com diferentes formações e preferências. Da apropriação por Marine Le Pen do republicanismo e o laicismo franceses, à campanha anti-islâmica da Alternativa para a Alemanha — AfD, o que esses partidos têm em comum no modo com que apresentam a cultura diz com a aderência a pretensos valores nacionais.[(29)]

O apelo nacionalista varia em nuances conforme a espécie de populismo, mas parece integrante do seu etos, tanto como ideologia quanto como experiência política concreta. Tratando do "conceito de populismo" numa importante conferência realizada entre 20 e 21 de maio de 1967 na *London School of Economics* (LSE), Isaiah Berlin sublinhou o papel nuclear do apelo nacional que, em seu ver, remontava ao século XVIII:

> [...] parece-me ter nascido em algum lugar durante os anos 1760 ou 1770 na Alemanha e ser uma resposta a algum tipo de humilhação nacional na Alemanha; assim como na Rússia mais tarde, o populismo intensificou valores 'internos' de um grupo escolhido contra os valores 'externos' do cosmopolitismo iluminista de filósofos do século XVIII. [...] Os alemães, como os russos, tentaram fortemente não serem nacionalistas, mas o *Volk* com o qual ambos principiam disseminaram as ideias de ambos. Daí ser esse nexo algo em que devemos tocar. No caso de outros populismos, o populismo americano — existe um elemento nacionalista ainda mais forte que é difícil de ignorar. Existe uma xenofobia de um tipo específico que não encontramos inteiramente presente no populismo russo, exceto em alguns movimentos isolados dos anos 1860 e 1870.[(30)]

(29) No original: "The adoption of this form of civic nationalism, which excludes on the basis of ideological rather than biological criteria of national belonging, can in many ways be seen as the far-right populist party's new 'winning formula', permitting it to appeal to a wide spread of social groups with different backgrounds and preferences. From Marine Le Pen's embrace of French republicanism and *laïcité* to the AfD's anti-Muslim campaign, what these parties have in common in the way in which they present culture as about adherence to purportedly national values".

(30) No original: "[...] it seems to me to have been born somewhere in the 1760s or 1770s in Germany and to be a response to some kind of national humiliation in Germany; then as in Russia later, populism stresses the 'internal' values of the chosen group as against the 'external' values of the enlightened cosmopolitanism of the philosophers of the eighteenth century. The Germans, like the Russians, tried hard not to be nationalists, but the Volk with which both began pervades the ideas of both. Hence this nexus is something which we shall

Também já foi mencionado que entre as instituições de mediação e de representação política que o populismo liberal-conservador tem se empenhado em desqualificar, isolar e enfraquecer — quando não for possível aniquilar — notabilizam-se os sindicatos de trabalhadores. Os sindicatos, nesse cenário, são hostilizados sob o argumento de representam apenas a "elite" dos trabalhadores e, portanto, "inimigos" de seus interesses. O ataque aos sindicatos coincide com um processo de persistente e crescente enfraquecimento de sua capacidade de arregimentação e de protagonismo conflitual, que remete, com breves intervalos, a meados dos anos 1980. Esse itinerário de crise, tudo indica, já seria o bastante para deslocar os sindicatos de trabalhadores em direção a um papel meramente reativo e de modesta capacidade de interferir na correlação de forças políticas em geral. Esse quadro mostra-se, contudo, ainda mais agudizado com as evidentes dificuldades, exibidas pela maioria das organizações sindicais de trabalhadores, de lidar com a crescente precarização das relações de trabalho, bem assim como com a emergência de novos arranjos de relação laboral, de que o trabalho sob demanda em plataforma parece caso exemplar (FREITAS JÚNIOR; SILVA, 2020).

É necessário agora abrir uma importante linha de observações que nos remeta à bestialidade do comportamento dos indivíduos que interditam seu juízo crítico em meio ao processo de pertencimento a massas "psicológicas". Num conhecido texto intitulado "Psicologia das massas e análise do eu" (2011, de 1921), Freud (1856-1939) chamou a atenção para o salto do indivíduo sob influência da massa:

> [...] o fato surpreendente de que este indivíduo, que se tornara compreensível para ela, em determinada condição pensa, sente e age de modo completamente distinto do esperado, e esta condição é seu alinhamento numa multidão que adquiriu a característica de uma 'massa psicológica'. O é então uma 'massa', de que maneira adquire ela a capacidade de influir tão decisivamente na vida psíquica do indivíduo, e em que consiste a modificação psíquica que ela impõe ao indivíduo?

É curioso como indivíduos proeminentes do holocausto nazista, sob o ponto de vista de suas biografias, aparentemente prosaicas, podem ser vistos como seres ordinários o suficiente para integrarem do nosso convívio. Referindo-se às características pessoais de Albert Speer, Calligaris (1991) qualifica-o como uma pessoa ordinária, banal:

> Speer tinha tudo para ser um antifascista estético, mas não foi: foi arquiteto de Hitler primeiro e finalmente ministro dos armamentos, sabendo o que

have to touch upon. In the case of other populisms — for example, American populism — there is an even stronger nationalist element, which it is difficult to leave out. There is a xenophobia of a specific kind which is, on the whole, absent from Russian populism except for certain isolated movements in the 1860s and 1870s" (1968, p. 138).

> tudo isso implicava, desde a manipulação cenográfica das massas até as deportações maciças, e os sonhos destrutivos da pesquisa de armamentos. O que pensar sobre isso? Parece insuficiente acreditar, sobretudo considerando tudo o que ele escreveu depois, que a sua adesão ao nazismo desde relativamente cedo se justificaria por uma preocupação de carreira. Ele não precisava disso. Tampouco dá para pensar que Speer tenha sido um grande sádico, que encontrasse uma forma específica de gozo na ideia de que estava produzindo instrumentos para matar. Não parece nada disso: ele era um excelente pai de família, um homem culto, sensível, teria sido para nós todos um ótimo amigo" (CALLIGARIS, 1991, p. 110).

É referencial corrente desse desconcertante fenômeno o conhecido trabalho da insuspeita Hanna Arendt (1906-1975), "Eichmann em Jerusalém — um ensaio sobre a banalidade do mal" (1999, de 1963), em que o biografado também não sugere ser uma figura particularmente perversa nem monstruosa, à altura da monstruosidade dos acontecimentos para os quais contribuiu:

> Esses hábitos de Eichmann criaram consideráveis dificuldades durante o julgamento, menos para Eichmann do que para aqueles que ali estavam para acusá-lo, defendê-lo, julgá-lo e descrevê-lo. Por tudo isso, era essencial que ele fosse levado a sério, o que era muito difícil, a menos que se procurasse a saída mais fácil para o dilema entre o horror inenarrável dos atos e o inegável absurdo do homem que os perpetrara, isto é, a menos que se declarasse um mentiroso esperto, calculista, coisa que evidentemente não era. [...] Apesar de todos os esforços da promotoria, todo mundo percebia que esse homem não era um 'monstro', mas era difícil não desconfiar que fosse um palhaço.

Novamente Freud (2011, p. 27-29) oferece-nos uma pista reveladora para compreender como são vigorosas e inebriantes as relações complementares entre o indivíduo em massa, sua inaudita "impetuosidade", e o papel catalizador de seus "heróis". Desculpando-me pela extensão do fragmento transcrito a seguir — que não teria como reescrever com minhas palavras sem lhe retirar o brilho e a precisão de seu autor:

> Inclinada a todos os extremos, a massa também é excitada por estímulos desmedidos. Quem quiser influir sobre ela, não necessita medir logicamente os argumentos; deve pintar com as imagens mais fortes, exagerar e sempre repetir a mesma coisa. Como a massa não tem dúvidas quanto ao que é verdadeiro ou falso, e tem consciência de sua enorme força, ela é, ao mesmo tempo, intolerante e crente na autoridade. Ela respeita a força, e deixa-se

> influenciar apenas moderadamente pela bondade, que para ela é uma espécie de fraqueza, até mesmo violência. Quer ser dominada e oprimida, quer temer os seus senhores. No fundo inteiramente conservadora, tem profunda aversão a todos os progressos e inovações, e ilimitada referência à tradição. [...] Além disso, a massa está sujeita ao poder verdadeiramente mágico das palavras, que podem provocar as mais terríveis tormentas na sua alma e também apaziguá-las. [...] nunca tiveram a sede de verdade. Requerem ilusões, às quais não podem renunciar. Nelas o irreal tem primazia sobre o real, o que não é verdadeiro as influencia quase tão fortemente quanto o verdadeiro. Elas têm a visível tendência de não fazer distinção entre os dois.

Não é aqui lugar para um ensaio psicanalítico destinado a essas biografias. Desejo apenas com isso apontar minha forte suspeita de que, por trás da bestialidade dos negacionismos e das inverdades validadas e difundidas pelo discurso oficial do Planalto, seja diretamente pelo Presidente, seja por seus filhos e os sequazes que habitam a corte palaciana — com maior ou menor intencionalidade — o fato é que o populismo liberal-conservador parece indicar traços protofascistas alinhados com a interdição do juízo crítico e a incitação de uma dinâmica de "massa", na acepção apontada por Freud e Calligaris.

Não se trata apenas de organizar e propagar um discurso de ódio — *hate speech* — no que o populismo liberal-conservador de Bolsonaro se alinha a Viktor Orbán, Trump, Salvini e Georg Heider. Trata-se de organizar políticas estatais e paraestatais de propaganda visando à promoção de uma estética, de uma ética e de uma orientação de conduta conducente à promoção de movimento de "massa". Movimento de "massa" caracterizado, como os demais acima recordados, pela interdição do juízo crítico, pela promoção da "impetuosidade" irrefreada e pela adoração da fala palaciana como a página de suspensão ou despedida da razão. Isso não é banal nem tampouco uma conjectura ficcional: basta querer ver os episódios de invasão do Congresso estadunidense por ocasião da posse de Joe Biden, com seus quatro óbitos, e estaremos diante de consequências concretas desses desatinos. Queiramos ver, no Brasil, os episódios análogos do 7 de setembro de 2021, com todo o seu significado político e estético. Pondo de lado o que dele resultou de insucesso para os objetivos palacianos, o fato é que houve, sim, uma convocação organizada e estrategicamente pensada para incitar a "massa" na direção do tensionamento de alicerces constitucionais do Estado de Direito.

E isso não é algo prosaico, para o que se espera do comportamento das mais altas autoridades democraticamente constituídas, nem tampouco trivial, sob o ponto de vista do quotidiano das práticas políticas em sede republicana.

Indo além de tais idiossincrasias, desejo ressaltar que o ambiente institucional construído seguindo os cânones do populismo liberal-conservador não permite o aprimoramento das ferramentas de regulação jurídica das relações de trabalho; assim como também interdita outras regiões temáticas da proteção social, da tutela dos direitos humanos e do pleno exercício da democracia.

Tal populismo não apenas subestima a função reguladora da relação de trabalho pelo Estado, por meio do sistema jurídico, que acredita satisfatoriamente ajustável pela ação do mercado, como desqualifica as organizações de trabalhadores para o papel de interlocutores necessários num concerto político em torno da agenda laboral. Em outros termos, o populismo liberal-conservador resiste ao diálogo social como itinerário para o entendimento em torno de uma pauta de atualização e de efetivação do direito do trabalho, malgrado a importância que a OIT lhe confere. Esse populismo se reconhece como liberal porque é deferente a supostas virtudes e aptidões reguladoras do mercado, e como conservador, porque se nega a pensar as relações de trabalho e os sindicatos como fatores relevantes para a construção de uma democracia plural, heterogênea e plástica à aceitação da diversidade.

Não é nem se abre à possibilidade de se tornar capaz de assimilar o caminho do diálogo social nessa perspectiva, como se preconiza. Para Amorim (2020), por exemplo:

> O diálogo social pode auxiliar a busca criativa de alternativas para a regulação justa do mercado de trabalho e dar suporte à superação da conjuntura difícil dos últimos anos, ao seu aperfeiçoamento. Em síntese, ele seria útil na construção de um futuro com menos incerteza.

Por todos os predicados que configuram o etos do populismo liberal-conservador, fica evidente que o cenário político em que ele prevalece é estéril para quaisquer iniciativas de atualização e de refinamento legal no âmbito trabalhista. A emergência de novos arranjos de trabalho, de que é exemplo o trabalho sob demanda em plataformas digitais, não é vista como um desafio para o refinamento e a atualização do direito do trabalho, mas como uma oportunidade adicional de esgarçamento do âmbito de incidência da ação estatal.

3.2. Lições a reter para o direito do trabalho do contraste entre essas experiências populistas

Nos tópicos anteriores deste capítulo as atenções estiveram voltadas para um exame dos elementos, comuns e contrastantes, presentes no populismo corporativista de Vargas e no populismo liberal-conservador de Bolsonaro.

Cada qual a seu modo, exibem evidente incapacidade para dar conta de uma agenda regulatória sensível e plástica ao ambiente das relações de trabalho em nossos dias. Procurei destacar o quanto os novos arranjos de trabalho sob demanda em plataforma perturbam, tanto os fundamentos do juslaboralismo simbolizado pela CLT, quanto a liturgia antirregulação do liberal-conservadorismo, simbolizada na Reforma Trabalhista.

O populismo corporativista, por exemplo, também exibiu significativa resistência à regulamentação do trabalho prestado às margens do processo de industrialização, como o caso dos trabalhadores domésticos e autônomos informais. Recorde-se que uma das primeiras leis da Era Vargas foi "Lei dos dois terços", mediante a qual essa seria a proporção da participação na oferta de empregos formais reservada ao trabalhador "nacional"[31].

O caso do trabalho sob demanda em plataformas digitais é apenas um, entre outros tantos fenômenos que expõem, seja o anacronismo, seja a insensibilidade evidenciados, respectivamente, pelo repertório juslaboral de cada projeto populista.

Pretendo com isso sublinhar que entre ambos se instaura um verdadeiro "diálogo de surdos": ambos se reconhecem e se legitimam pela recíproca negação; ainda que em cada qual possamos identificar aspectos comuns.

De um lado, o juslaboralismo da CLT continua apegado à ideia de regular minudentemente as relações de trabalho, por meio da lei, do Estado e da Justiça do Trabalho — renovando assim sua distância dos fundamentos liberais do incipiente direito do trabalho da Primeira República. De outro, o liberal-conservadorismo da Reforma Trabalhista e das leis trabalhistas que a ela se seguem, reabilita o protagonismo de suposta aptidão reguladora do mercado, ao mesmo tempo em que, hostilizando sindicatos, partidos com representação sindical e imprensa profissional, interdita qualquer possibilidade de recurso ao diálogo social que objetive concertar uma agenda de atualização do direito do trabalho.

Vejamos mais de perto porque o trabalho sob demanda em plataformas, à semelhança de outras formas de organização do trabalho em nossos dias, provoca irritações nos mecanismos tradicionais de regulação jurídica. Em primeiro lugar, como já mencionei anteriormente, as ferramentas ordinárias do juslaboralismo da CLT, devotadas à proteção

---

(31) "Decreto n. 19.482, de 12 de dezembro de 1930. [...] Art. 3º Todos os indivíduos, empresas, associações, companhias e firmas comerciais, que explorem, ou não, concessões do Governo federal ou dos Governos estaduais e municipais, ou que, com esses Governos contratem quaisquer fornecimentos, serviços ou obras, ficam obrigadas a demonstrar perante o Ministério do Trabalho, Indústria e Comércio, dentro do prazo de noventa dias, contados da data da publicação do presente decreto, que ocupam, entre os seus empregados, de todas as categorias, dois terços, pelo menos, de brasileiros natos. Parágrafo único. Somente na falta, de brasileiros natos, e para serviços rigorosamente técnicos, a juízo do Ministério do Trabalho, Indústria e Comércio, poderá ser alterada aquela proporção, admitindo-se, neste caso, brasileiros naturalizados, em primeiro lugar, e, depois, os estrangeiros." O espírito xenófobo por trás dessa e outras disposições do populismo corporativista bem assinala seu caráter autoritário e desconecto das demandas de nosso tempo; incapazes, portanto, de constituir um leito para o acolhimento de um processo democrático e concertado de atualização do direito do trabalho no Brasil. Para quem ainda duvida da presença residual desses institutos em nosso juslaboralismo, note-se que a regra de reserva de dois terços ao trabalhador nacional subsiste, com singelas alterações redacionais, no art. 352 da Consolidação das Leis do Trabalho; isso ainda hoje, a despeito do advento da Lei n. 13.445, de 24 de maio de 2017, ter-nos proporcionado um oxigenado marco legal para o tratamento do estrangeiro no Brasil.

do trabalhador, baseiam-se na fixação antecipada de parâmetros mínimos de remuneração ou salário, e de parâmetros máximos de quantidade de trabalho (usualmente estimada em tempo à disposição do empregador). Ainda que se possa advogar a adoção do salário-mínimo a trabalhadores sob demanda, ao menos no equivalente hora-salário, e que se sustente a necessidade premente de fixação de limites máximos de tempo ou de demandas de trabalho (para a proteção do trabalhador e da sociedade), o fato é que isso ainda é insuficiente para interferir na profunda assimetria desses arranjos laborais; até porque muitos deles são, além de formal, materialmente praticados de forma irregular e errática. De que adianta fixar salário-mínimo em hora e limite máximo de jornada se o escopo é proteger trabalhadores que se ofertam na forma de bico de maneira irregular, dispondo-se a trabalhar por contraprestação fixada segundo parâmetros de aferição "algorítmica" definida pela plataforma? Essas dificuldades estão na raiz da insuficiência do repertório tradicional do juslaboralismo da CLT, para regular essas espécies de relação: o repertório foi pensado, tendo funcionado e ainda funcionando bem, quando se trata de trabalho prestado em regime de vínculo induvidoso de emprego, contraído com a expectativa de durar, mediante parâmetros de jornada, limites semanais de hora e salários prefixados. Ou seja: em regime de emprego pleno típico.

Mas não é só nisso que reside a insuficiência do repertório da CLT. Fossem apenas essas dificuldades um esforço devotado especificamente para a regulação do trabalho sob demanda em plataforma poderia ser suficiente; ao menos razoavelmente aceitável para a dignidade desses trabalhadores e a proteção da sociedade.

O trabalho sob demanda prestado na chamada "economia do bico", em todas as suas muitas formas de recrutamento e de exploração, lamentavelmente, não é o único fator preocupante do fenômeno a que nos referimos tratando da precarização. Aqui novamente recorde-se: ao falar de precarização referimo-nos não apenas à atipicidade dos arranjos laborais, mas especialmente à maneira pela qual inúmeras outras causas de vulnerabilidade contaminam a efetividade do regramento legal e desafiam inciativas do Estado, onde e como quer que elas queiram comparecer.

Não é por outro motivo que a crescente marcha da precarização tem posto à prova a efetividade e até mesmo a sobrevida do direito do trabalho; especialmente nos países da América Latina e da Europa do ocidente em que se originou e se consolidou durante os anos 1930 e o Segundo Pós-Guerra.

Não estou com isso a afirmar que as relações de emprego típicas (ou suscetíveis de regulação pelo enquadramento no figurino normativo da tipicidade) já não mais existam. Nem menos ainda que não devam ser objeto de estímulo nem de promoção por parte dos poderes públicos. O que se constata, e não vai nisso aqui nenhuma novidade, é que formas crescentemente variadas de recrutamento laboral atípico, seguidas de perto pela intensificação da precarização (mesmo da precarização incidente nos arranjos laborais típicos)[32], estão cada vez mais a desafiar uma certa homogeneidade nas relações de trabalho, que sempre estiveram no eixo de gravidade das estratégias reguladores no direito trabalho.

Podemos afirmar que nas relações de trabalho de nossos dias o cenário é marcado por uma combinação de formas de trabalho.

Migramos de um mundo cósmico em direção a uma variedade incontrolável de ingredientes caósmicos que nos perturbam porque insuscetíveis de previsibilidade e de controle. Essa dimensão caósmica do mundo do trabalho não contribui, nem para a proteção do trabalhador, nem para a segurança jurídica do empregador, nem sequer para a construção de políticas de médio e longo prazo que sejam capazes de construir nichos para o acolhimento dessa geração de trabalhadores "do bico" que um dia, por força do triste vaticínio de nossa finitude, possui um encontro marcado com o estado de necessidade e de desamparo.

A tosca rudeza política e o descompromisso com o concerto intergeracional do populismo liberal-conservador, ao transferir essa pauta ao balizamento do acaso e do imprevisível, sepultam as expectativas de que sejamos capazes de promover um exercício de redução dos custos da incerteza nesse itinerário de mudanças. A liturgia da ignorância, do negacionismo e do desapreço por compromissos cívicos em torno dos quais sociedades modernas e razoavelmente complexas pactuam mecanismos de convivência tolerância na diversidade, ditam os modestos limites impostos à proteção social e trabalhista sob o jugo liberal-conservador do populismo.

Como que num processo de astenia da razão, as autoridades constituídas recusam-se ao reconhecimento e ao enfrentamento das cifras gigantescas de desemprego e desalento no mercado de trabalho. Postergam, para outro cenário e para a iniciativa de futuros governantes, a missão de se afirmarem e de se mostrarem capazes de assumir a condução do país atentos à gravidade do momento social, jurídico e político pelo qual passamos.

* * *

Pelo que procurei identificar e organizar nos tópicos precedentes deste capítulo, fica a desolação quanto a esse momento, tencionado pela contraposição entre as duas lógicas populistas aqui examinadas, o que não oportuniza iniciativas de superação nem de construção de um ambiente de reflexão e de diálogo em torno de novos caminhos de aperfeiçoamento para o direito do trabalho.

Esse panorama evidentemente não é definitivo, e suspeito mesmo que não seja muito duradouro. Tudo indica que as urgentes demandas suscitadas pela gravidade do

---

(32) Veja-se a literatura referente a esse problema em Freitas Júnior (2020, p. 51-59), mas também em inúmeros outros autores que se ocuparam do assunto a partir, em particular, das contribuições seminais de Cranford, Vosko e Zukewich (2003), Albin (2012, 2012-a) e Kallemberg e Vallas (2018).

quadro atual, uma vez removidos os obstáculos da cegueira ideológica até aqui prevalente, serão bastantes para entreabrir um horizonte de mudanças importantes, relativamente ao tema da atualização e da remodelação do direito do trabalho no Brasil.

No capítulo seguinte, à maneira de conclusão, procurarei indicar o sentido e os itinerários de mudança que reputo mais prováveis, sem prejuízo de explicitar, igualmente, os que tenho para mim como mais aconselháveis, tendo por expectativa um sistema de regulação jurídica da relação de trabalho, acompanhado por um repertório principiológico que lhe dê sustentação, à altura dos desafios e das exigências democráticas de nosso tempo.

4. Considerações Finais

Qualquer estudo sobre fenômenos ainda em curso necessita ser conduzido e recebido com redobrada cautela. Para nós autores seria confortável que fôssemos interditados em nosso direito-dever de tratar de assuntos tão recentes, não fosse nossa missão de estarmos presentes e atentos aos desafios de nosso tempo.

Em momentos assim o instinto de autopreservação cede lugar ao compromisso cívico com a oferta da contribuição crítica da academia: sempre, no que for possível e tanto quanto o for, de modo escrupulosamente explícito sobre o quadro de referência teórico do qual se parte, e lastreado por fontes sobre as quais seja possível um exercício escrupuloso de verificação e de confronto. Sim, isso é verdade para qualquer trabalho no campo das chamadas ciências sociais aplicadas; mas não é menos certo que se impõe como uma condição essencial de credibilidade acadêmica naqueles trabalhos que dialogam com os fenômenos e os desafios de seu tempo.

Responsabilidade que sem dúvida avulta na medida em que se considere imprescindível contornar o biombo de armaduras "técnicas": estratégias fugidias pelas quais se costuma elipsar o previsível desconforto da crítica para os senhores de ocasião.

Nalgum ponto entre a retórica fácil dos palanques e pasquins, e o sussurro pusilânime de positivismos deferentes, talvez haja lugar para um refresco de altiva e disciplinada sensatez e disciplina analítica.

É o que se procurou apresentar nas diferentes passagens deste trabalho, sempre buscando chamar a atenção do leitor para as armadilhas que alguns conceitos e problemas tendem a exibir. Assim, especialmente para o conceito de populismo que, seja enquanto manifestação ideológica, seja como experiência política concreta, está entre essas armadilhas. As delicadas e sutis fronteiras entre atipicidade e precarização também comparecem nessas inquietações. De igual modo cuidou-se de conferir a atenção devida para delimitar as diferenças que separam a autonomia da vontade da ideologia da autossuficiência. Armadilhas que estiveram presentes ainda nas reflexões sobre a economia do bico, assim como sobre a tensão entre representação política e representação de interesses, decisiva para a compreensão da ideologia e da engenharia institucional corporativistas.

Desde já preciso confessar, numa perspectiva um tanto diversa daquela de simplesmente advertir para os riscos de contaminação ideológica e para enviesamentos do olhar contemporâneo, que de algum modo, de um modo muito singular e inesperado, o tema deste trabalho reabilita referências de fronteira para a produção acadêmica da minha geração.

Explico-me — e preciso me explicar para que não pareça isso o fruto de um acaso ou modismo.

No Brasil do final dos anos 1970 e início dos 1980, os trabalhadores organizados em sindicatos passaram a exercer um papel relevante e creio mesmo decisivo para o avanço da luta pela redemocratização. Em poucos anos o eixo da insatisfação com o regime militar deslocou-se do pátio das Arcadas, com a leitura da célebre Carta aos Brasileiros, para as calçadas do Largo de São Francisco com as manifestações estudantis, e logo após para o Estádio Municipal da Vila Euclides, em São Bernardo do Campo, onde se realizaram decisivas assembleias sindicais. Diante disso, pensar o país naquele momento, tanto o Brasil que nos sobrou da ditadura militar quanto aquele que brasileiros sonhavam construir, demandaria exercício de análise sobre quem eram esses trabalhadores e suas lideranças. Muito especialmente, de que modo foram capazes de organizar e conduzir importantes manifestações conflituais — como as greves dos metalúrgicos da região do ABC de 1979 e de 1980 — por um sindicato tão cuidadosamente arquitetado pelo juslaboralismo corporativista para domesticá-los?

A exemplo de diversos trabalhos daquele período, também minha dissertação de mestrado, defendida em 1987 perante a Faculdade de Direito do Largo de São Francisco, seria mais tarde publicada como livro de estreia entre as monografias do Departamento Editorial da OAB/SP, exatamente com o título "Sindicato: domesticação e ruptura". Não por acaso, foi inteiramente dedicada ao exame da influência do direito sindical corporativista do populismo de Vargas sobre a autenticidade e a autonomia da representação dos trabalhadores. A pesquisa em que se originou, por meio do resgate de suas fontes primárias, refez o roteiro da tese "O problema do sindicato único no Brasil", de Evaristo de Moraes Filho, publicada originariamente em 1952 e que ficou décadas esquecida. Em 1978, mercê da insistência de Paulo Sergio Pinheiro, a brilhante tese de titularidade do extraordinário jurista receberia finalmente seu merecido reconhecimento e difusão.

Não foi apenas a obra de Evaristo de Moraes Filho que orientaria o olhar dos estudos juslaborais para o balanço do sindicato criado na Era Vargas. Diversos pesquisadores, inclusive alguns radicados em universidades estadunidenses também estiveram atentos, naquele período, ao estudo do sindicato e do direito do trabalho no Brasil. À época chamados "brasilianistas", alguns deles foram muito influentes e decisivos para a produção acadêmica no Brasil então. Aleatoriamente, recordo-me de Alfred Stepan, Warren Dean, Hans Füchtner e Howard Wiarda, além do próprio Michel Hall, que integraria a equipe reunida por Paulo Sergio Pinheiro no projeto que resgataria nos anos 1970 o acervo de Edgard Leuenroth.

Muita coisa foi então escrita e publicada na interseção temática entre o exame do sindicato, do direito do trabalho (em especial do direito sindical) e o papel do Estado ante a autonomia organizativa e os conflitos laborais. Por função dos fatores constitutivos e da missão antevista pelo populismo corporativista para seu sindicato, seria impossível compreendê-lo por estratégias analíticas em que o sistema sindical fosse dissociado do juslaboralismo e do controle estatal.

Extraordinários achados de história social e do trabalho foram então reunidos por Paulo Sérgio Pinheiro e pela já referida equipe por ele coordenada, que seriam mais tarde merecidamente destinados ao que se tornaria no "Arquivo Edgard Leuenroth", do Instituto de Filosofia e Ciências Humanos da Universidade Estadual de Campinas; uma preciosidade de acervo contendo fotos, vídeos, e uma completa hemeroteca sobre o sindicato anarquista de nossa Primeira República.

Pesquisar o direito do trabalho no início dos anos 1980 — especialmente o direito sindical — imporia àquela geração de juristas acadêmicos o desafio de analisar o populismo corporativista de Vargas e seu vigoroso legado institucional.

Mais de três décadas passadas novamente o populismo volta ao centro das atenções. Como já foi demonstrado: são inúmeros os trabalhos já escritos, outros tantos em fase de elaboração, linhas de pesquisa se estruturando e temas de mesas em congressos científicos internacionais totalmente devotados à análise do populismo aqui designado liberal-conservador. Importante que se diga: não só no Brasil e não só voltados ao estudo do populismo com referência no Governo Bolsonaro; ainda que esse, pelo que exibe de histriônico e desconcertante, capture muitos olhares.

Para se ter uma ideia, o quinto encontro bienal da Rede de Pesquisa em Direito do Trabalho (*Labour Law Research Network*) — sublinhe-se, pesquisa em Direito do Trabalho (não em Ciência Política nem Sociologia), realizado em junho de 2021, na Polônia, teve ao menos duas Sessões sobre populismo e direito do trabalho. Na mesa que integrei estiveram presentes juristas da Polônia, Irlanda e dois juristas norte-americanos(33). No mesmo dia, outra mesa contaria com a presença de juristas de duas outras universidades brasileiras, além de juristas da Hungria e da Polônia.

Não desejo emprestar a estas considerações finais um tom fastidiosamente autobiográfico. As referências a trabalhos anteriores de minha autoria — pelo que desde já peço vênia, são aqui trazidas exclusivamente para indicar como as relações entre experiências políticas populistas, juslaboralismo e estudos sobre sindicato têm atraído as atenções da

(33) A mesa da Sessão foi composta pelos Professores Matt Finkin (*University of Illinois*), Matthew Bodie (*Saint Louis University*), Marta Otto (*University of Lodz*) e Marta Lasek-Markey (*Trinity College Dublin*); nosso trabalho veio a ser mais adiante publicado na Revista LTr de Direito do Trabalho em Freitas Júnior e Silva (2021), secundando estudos preliminares publicados na Hungria no ano anterior (FREITAS JÚNIOR; SILVA, 2020). Já a mesa da outra Sessão referida foi integrada pelos Professores Izabela Florczak (*University of Lodz*), Lukasz Pisarczyk (*University of Warsaw*), Richard Bales (*Ohio Northern University*), Tamás Gyulavári (*Pázmány Péter Catholic University – Hungary*), Ana Virgínia Gomes e Roberto Fragale, respectivamente UNIFOR e Universidade Federal Fluminense. As Sessões das mesas aqui referidas foram intituladas, respectivamente, *Populism and Social Law* e *Comparative Perspective on Populism and Labour Law*. Já o instigante trabalho apresentado pelos colegas brasileiros, ao qual tive acesso mais tarde, está referido em Fragale Filho e Gomes (2021).

pesquisa acadêmica de minha geração ao longo dessas últimas décadas. E novamente não custa destacar: pesquisa não só no ou acerca do Brasil, mas sobre o populismo em suas variadas manifestações no exterior.

Fui e continuo sendo produto dessas influências. Influências que presidiram em grande medida minhas estratégias de análise e de predição sobre o juslaboralismo e particularmente sobre o direito sindical no Brasil. Esse tema retorna agora, portanto, não exatamente como produto de minha escolha, mas me escolhendo para este reencontro no balanço destas quatro décadas de experiência jurídica e de percurso acadêmico.

* * *

Muito foi dito aqui acerca da variedade de acepções por meio das quais o termo populismo vem sendo empregado por diferentes autores, em variados campos do conhecimento. Também sobre a multiplicidade de experiências políticas e de concepções ideológicas que podem, legitimamente, merecer o qualificativo de populistas.

De qualquer modo, a despeito dessas dificuldades e heterogeneidades, sustentou-se aqui que ele tem, sim, uma razoável utilidade analítica: permite identificar experiências políticas e ideológicas que se estruturam a partir de um olhar binário pelo qual separam "povo" de "elite", e por meio do qual constroem um papel estabilizador e arbitral à figura do "líder". Mais que isso, a essa contraposição binária conferem um papel não apenas heurístico como especialmente atributivo de juízo: porque "povo" é pleno de virtude; porque "elite", ubérrima de vícios e corrupta. Em consequência, o papel do "líder" acaba consistindo, a um só tempo, em ser o 1) portador das virtudes do "povo"; 2) combatente notório dos vícios da "elite", e 3) condutor do produto final desse amálgama, um inespecífico ente social denominado "nação", para um patamar mais elevado de pureza que a torne virtuosamente digna de seu "povo".

Foram aqui tangenciadas outras proposições conceituais iguais ou superiores em seus predicados analíticos, entre as quais especialmente a extraordinária construção preconizada por Ernesto Laclau, seguido por outros. Pelas razões que penso ter ficado claras, não se acreditou que fosse o caminho mais fértil para a perspectiva exploratória deste trabalho, embora fique aqui talvez um certo sabor de quero mais.

Sim, também aqui se acredita que as fórmulas ideológicas e as experiências políticas populistas possam servir a orientações de "esquerda" ou de "direita"; o que quer que isso mesmo venha a significar em nossos dias. De qualquer modo, pode-se falar num populismo conservador (como o de Bolsonaro, não por acaso enfatizado por nossas atenções aqui), assim como num populismo progressista e transformador (como o de Vargas). Imagino ter ficado claro, entretanto, que em ambos os casos o populismo não foi por certo associado a virtudes democráticas nem a preponderância da soberania popular.

Mas que motivos animam tanto esforço em analisar o populismo quando se tenha por enquadre temático (vá lá: "epistemológico") do direito do trabalho? Em outros termos, que respostas o exame do populismo, em quaisquer de suas apresentações, acrescenta para as perguntas que povoam o debate juslaboral de nosso tempo?

Há quem acredite que as instituições juslaborais de Vargas não mais estejam entre nós, tantas décadas passadas. Não formo junto a eles definitivamente. É só olhar para 1) o sistema sindical de hoje (malgrado os duros golpes que sofreu da Reforma Trabalhista de 2017); 2) o papel nuclear do processo legislativo-constitucional, em sentido próprio, na normatização das relações de trabalho; 3) a função residual, quando não mesmo simbólica, da negociação coletiva do trabalho na regulação de nossas relações do trabalho; 4) a gigantesca relevância da Justiça do Trabalho na composição dos conflitos laborais, restando aos chamados meios "consensuais" ou autocompositivos uma atribuição marginal, quase anedótica; 5) a subsistência de "prerrogativas" confiadas — com vênias pela redundância — em caráter exclusivo ou monopolístico aos sindicatos (e somente àqueles), cuja representatividade seja acreditada pelo Estado (ainda que por meio do Judiciário, a partir de 1988). Não saberia interpretar esse legado, não tivesse eu sido treinado, por meus professores, a ler com deferente atenção a extraordinária obra de Francisco José de Oliveira Vianna. Não tivesse eu comparecido a tantas aulas, em que a polêmica entre o Consultor Jurídico do Ministério da Revolução e Waldemar Ferreira ficara indelével como pedra-de-toque para a identificação do legado juslaboral de Vargas, talvez fosse claudicante nesse diagnóstico.

Mas o ponto que desejo realçar nessas linhas finais, é que a despeito dos inúmeros fatores em que o juslaboralismo legado pelo populismo corporativista esteja claramente persistente, em nossos dias, é também patente uma crescente astenia em suas aptidões regulatórias, para fazer frente ao avanço da precarização e ao aparecimento de arranjos de relações laborais como o trabalho sob demanda em plataformas digitais, só para ficar no caso aqui trazido como ponto de referência.

Portanto, onde e como quer que estejamos atentos, no direito do trabalho, para mitigar os efeitos sociais da marcha da precarização, ou para confiar um feixe e uma estratégia aceitáveis de normas destinadas a retirar da selvageria modalidades de relação de trabalho como a do trabalho sob demanda em plataformas, deveremos estar aptos a identificar a forma e o alcance da presença residual do juslaboralismo de Vargas entre nós.

O pior que se poderá fazer, sem essa aptidão, é sairmos dos braços de um populismo, incautos à ingênua procura de outro.

E não se trata, como na imagem popular, de "descobrir a imagem de um santo para cobrir a de outro". O argumento que reiteradas vezes procurei desenvolver consiste no fato de que o "santo" para cuja devoção se orienta não aceita "cobertor": não reconhece, por princípio e pelos valores de "livre mercado" que compartilha, a premência de uma agenda regulatória de atualização de nosso juslaboralismo.

E não é só esse o problema do "santo" dessa nova devoção: ao contrário do populismo edificador e progressista (ainda que autoritário) de Vargas; os valores e estratégias do diálogo social, preconizados pela OIT, não integram a liturgia de seu evangelho.

Conservadores ou progressistas; amigos ou desafetos da Justiça do Trabalho, do Ministério Público do Trabalho ou da advocacia trabalhista; simpáticos ou antipáticos aos sindicatos; judeus, cristãos, evangélicos, budistas ou agnósticos; em suma: aos juristas de todas as origens e credos (novamente amparado em Polanyi: exceto os que creem que normas trabalhistas devem ser ditadas apenas pelo mercado), este trabalho vem para afirmar que a atualização do direito do trabalho, tão necessária no Brasil, não será possível se continuarmos a pensá-la dentro do quadro de referências doutrinárias dos dois populismos aqui tratados.

Como afirma o título deste trabalho, o juslaboralismo no Brasil exibe indícios veementes de que não comportará uma repactuação com nenhum dos dois populismos, pelos motivos e diante das evidências aqui trazidas, escrutinadas e debatidas.

Termino reproduzindo um diálogo que tive com um de meus talentosos ex-alunos, ao me ligar aflito e desapontado com o que testemunhara. Disse-me ele: "procuramos levar a Brasília um feixe aberto e moderno de possibilidades de atualização da legislação trabalhista, mas com o passar do tempo a agenda política fechou essa janela".

Testemunhando a boa-fé desse meu (agora) amigo eu compreendo tanto esforço debalde. Não é apenas a ignorância que preside as falas do "cercadinho", nem talvez os modestíssimos recursos cognitivos de seu protagonista, que explicam o frustrante desapontamento de meu interlocutor.

Tendo presente o que se procurou demonstrar aqui, ainda que exista a figura do "líder" a protagonizar o espetáculo da retórica populista, os limites ideológicos e políticos do populismo ditam o alcance possível da fala presidencial e os contornos possíveis para a agenda política.

As dificuldades para assimilar a premência de uma agenda de atualização do direito do trabalho, por meio do diálogo social e com vistas ao oferecimento de um novo cenário de regulação para as relações do trabalho, que leve em conta este mundo tão intensamente globalizado e competitivo, estão presentes em ambos populismos.

Meu amigo está certo ao prestigiar suas frustrações: nesse cenário, contudo, elas parecem incontornáveis. Tudo parece indicar que, embora a falta de escuta para suas propostas possam ser também fruto da ignorância pedestre que habita a Brasília de nossos dias, elas não poderiam encontrar melhor sorte num cenário de prevalente populismo liberal-conservador. Os limites estão dados em outra dimensão.

* * *

Gostaria muito de estar nestas asserções derradeiras a apontar caminhos para superar os limites e os confinamentos que tão reiteradas vezes estiveram presentes neste trabalho.

Como adoraria despedir-me indicando propostas, caminhos, autores ou mesmo programas em que pudesse me escorar. Também prefiro seguir lado-a-lado a meus interlocutores mais próximos; também gostaria de ter em mãos um luminoso farol a indicar o vetor capaz de orientar nosso olhar na "melhor" direção.

A dificuldade está em que essa direção, além de inexistente, é meramente conjectural. Falando em outros termos: a atualização de nosso juslaboralismo (creio ter deixado claro que não se trata apenas de uma atualização legislativa) depende não de um "líder", não de uma ideologia, não de um partido político (quando quer que isso exista no sistema eleitoral brasileiro).

Reconheçamos: dispensa de igual modo o concurso de anteprojetos elaborados por doutrinadores jurídicos de escol. De igual modo, parece prescindir da contribuição de teses e de propostas de mudança legal com frequência urdidas em cenários unilaterais ou adversariais, como vimos ao tempo das tratativas em redor do já referido Fórum Nacional do Trabalho — portadoras de doutrinas jurídicas reciprocamente hostis.

Talvez um apreciável ponto-de-partida consista no reconhecimento genuíno, de que o início desse itinerário dependerá de nossa capacidade de pensar um cenário acolhedor para todos os interlocutores e para todos os atores relevantes nessa agenda de mudanças, num quadro macropolítico democrático em que se exercitem concessões e compromissos.

Perdoem-me a insistência, mas isso parece ter nome: diálogo social.

5. Referências Bibliográficas

ABRAMS, Roger I. NOLAN, Dennis R. (1986). Seniority rights under the collective agreement. *The Labor Lawyer*, 2, p. 99-144.

ALBIN, Einat. Introduction – Precarious Work and Human Rights. *Comparative Labor Law & Policy Journal*, 34 (1), Fall, 2012, p.1-13.

______. Human Rights and the Multiple Dimensions of Precarious Work. *Comparative Labor Law & Policy Journal*, 34 (1), Fall, 2012-a, p. 193-216.

ALOISI, Antonio; DE STEFANO, Valerio. *Employment and working conditions of selected types of platform work*. National context analysis: Italy. Dublin, Sep. 2018, 33 p. (European Foundation for the Improvement of Living and Working Conditions — Digital Age — Employment and working conditions of selected types of platform work Technical Report Series — Italy). Disponível em: <https://www.researchgate.net/publication/327939830_Employment_and_working_conditions_of_selected_types_of_platform_work_National_context_analysis.> Acesso em: 21 jan. 2022.

ALSTON, Philip *et al.* ALSTON, Philip (Ed.). *Labour Rights as Human Rights* — The Not so Happy State of Art. Oxford: Oxford University Press, 2005. 262 p.

______. The Populist Challenge to Human Rights. *Journal of Human Rights Practice*, n. 9, Oxford, 2017, p. 1-15.

AMORIM, Wilson Aparecido Costa de. Futuro do trabalho no Brasil: cuidar das instituições. *Revista de Administração de Empresas – FGV-EAESP*, vol. 60, n. 5, (set./out. 2020); p. 371-377.

ARENDT, Hannah. *Eichmann em Jerusalém*. Um ensaio sobre a banalidade do mal. Tradução José Rubens Siqueira. São Paulo: Cia. das Letras, 1999, de 1963. 344 p.

BERLIN, Isaiah. To define Populism. *Government and Opposition*, 3, n. 2 (1968); p. 137-179. (London School of Economics Conference on Populism, May, 20-21, 1967).

BRASIL. Ministério do Trabalho e Emprego. *Reforma Sindical* — Proposta de Emenda à Constituição — PEC n. 369/05 — Anteprojeto de Lei. Exemplar impresso e encadernado sem dados de catalogação. Fórum Nacional do Trabalho — Espaço de Diálogo e Negociação. Brasília: MTE, 2005. 80 p.

CALIGARIS, Contardo. A sedução totalitária. In: ARAGÃO, Luíz Tarlei *et. al. CLÍNICA DO SOCIAL* — ENSAIOS. São Paulo: Escuta, 1991. p. 105-118.

CÂMARA, Heloisa Fernandes. Populistas e autoritários? Debates sobre usos do conceito. *Rev. Direito e Práx*, Rio de Janeiro, vol. 12, n. 2, (2021), p. 861-884.

CANOVAN, Margaret. Populism for political theorists? *Journal of Political Ideologies*, n. 9:3 (2004); p. 241-252.

CASTELLS, Manuel. *Ruptura:* a crise da democracia liberal. Tradução Joana Angélica d'Ávila Melo. Rio de Janeiro: Zahar, 2018. 152 p.

COLLIER, David. Industrial Modernization and Political Change: A Latin American Perspective. *World Politics,* 70, n. 4, jul. 1978, p. 593-614.

COLLIER, David; HIDALGO, Fernando Daniel; MACIUCEANU, Andra Olivia. Essentially contested concepts: debates and applications. *Journal of Political Ideologies,* oct. 2006), 11 (3); p. 211-246.

CRANFORD, Cynthia; VOSCO, Leah F.; ZUKEWICH, Nancy. Precarious Employment in the Canadian Labour Market: a Statistical Portrait. *Just Labour,* vol. 3, Fall, 2003; p. 6-22 (Forum on Precarious Employment, 2003).

DE STEFANO, Valerio. *The rise of the "just-in-time workforce":* on-demand work, crowdwork and labour protection in the "gig-economy". Geneva: International Labour Office — Inclusive Labour Markets, Labour Relations and Working Conditions Branch, 2016, 35 p. (Conditions of work and employment series, 71).

ENGESSER, Sven; ERNST, Nicole; ESSER, Frank; BÜCHEL, Florin. Populism and social media: how politicians spread a fragmented ideology, Information. *Communication & Society,* 2017; 20:8, p. 1.109-1.126.

FARIA, José Eduardo. A "sinalização do povo". *Estadão* — Estado da Arte, São Paulo, 24 abr. 2021. Disponível em: <https://estadodaarte.estadao.com.br/sinalizacao-povo-jef/> Acesso em: 10 jan. 2021.

______. Democracia e Governabilidade: os direitos humanos à luz da globalização econômica. In: FARIA, José Eduardo (Org.). *Direito e Globalização Econômica:* implicações e perspectivas. São Paulo: Malheiros, 1998. p. 127-160.

FERRIERA, Manuel Aníbal Silva Portugal Vasconcelos. Comentário Editorial à construção de hipóteses. *Revista Ibero-Americana de Estratégia,* vol. 12, n. 4, out./dez. 2013), p. 1-8.

FRAGALE FILHO, Roberto; GOMES, Ana Virgínia Moreira. Directly Speaking to the People: Silencing Civil Society and eradicating intermediate bodies in Brazil. In: *LABOUR LAW RESEARCH NETWORK BIENNUAL MEETING – LLR,* n. 5, 2021, Warsaw — Lodz; 15 p.

FREITAS JÚNIOR, Antonio Rodrigues de. Corporativismo e ordem jurídica: notas para uma análise da transição institucional brasileira. *Sociologia:* problemas e práticas. Instituto Superior de Ciências do Trabalho e da Empresa — Lisboa, n. 4 (1988), p. 61-78.

______. *Sindicato:* Domesticação e Ruptura — Um estudo da Representação Sindical no Direito Brasileiro. São Paulo: OAB-Departamento Editorial, 1989. 198 p.

______. Legal Norms, Local Norms and Bargaining Procedures in Layoffs – The Case of Brazil. In: ENGELSTAD, Fredrik (Ed.). *Layoffs and Local Justice.* Olso: Institütt for Samfunnsforskning: 1994. p. 160-173.

______. *Globalização, Mercosul e Crise do Estado-Nação:* Perspectivas para o Direito numa Sociedade em Mudança. São Paulo: LTr, 1997. 88 p.

______. *Direito do Trabalho na Era do Desemprego:* Instrumentos Jurídicos em Políticas Públicas de Fomento à Ocupação. São Paulo: LTr, 1999. 188 p.

______. O Trabalho à Procura de um Direito: Crise Econômica, Conflitos de Classe e Proteção Social na Modernidade. *Estudos Avançados*, vol. 28, n. 81, maio/ago. 2014, p. 69-93.

______. Corporativismo. In: BAYLOS GRAU, Antonio; SCHWARZ, Rodrigo Garcia; THOME, Candy Florencio (Orgs.). *Diccionario Internacional de derecho del trabajo y de la seguridad social.* Valencia: Tirant Lo Blanch, 2014-a. p. 447-452.

______. *ON DEMAND* — Trabalho sob demanda em plataformas digitais. Belo Horizonte: Arraes Editores, 2020. 165 p.

______. Série Trampo: Entregadores falam sobre condições de trabalho. Entrevista. *TV Globo* — Bom-dia São Paulo, São Paulo, 19 out. 2021, 6:41 hs. Disponível em: <http://c.lookcom.com.br/oabsp/site/m014/noticia.asp?cd_noticia=105343805>. Acesso em: 22 jan. 2022.

FREITAS JÚNIOR, Antonio Rodrigues de. SILVA, Victor Raduan da. Representation and Collective Bargaining of Brazilian Trade Unions in an Era of Apps: Between the old corporatism and the gig economy. *The Hungarian Labour Law E-Journal*, n. 2 (2020), p 51-79.

______. The Brazilian far-right populism and the International Labor Organization: debates on social dialogue and political popularity. *Revista LTr Legislação do Trabalho*, vol. 10, (Série 2021), p. 1.177-1.186.

FREUD, Sigmund (1856-1939). Psicologia das massas e análise do eu. In: FREUD, S. *Psicologia das massas e análise do eu e outros textos* (1920-1923). Sigmund Freud Obras Completas Volume 15. Tradução de Paulo César de Souza. São Paulo: Cia. das Letras, 2011 (do original de 1921).

GALLIE, Walter Bryce (1912-1998). *Essentially contested concepts.* Paper delivered at the Meeting of the Aristotelian Society at 22 — Belford Square — London, on March 12th, 1956 at 7.30 p.m. Ithaca, NY: Cornell University Press, 2019 (do original de 1956), p. 121-146.

______. Art as essentially contested concept. *The Philosophical Quarterly*, (6), n. 23 (1956-a); p. 94-114.

GARMENDIA ARIGÓN, Mario. *Orden Público y Derecho del Trabajo.* (2. ed., 1ª. ed. 2001) Montevideo: La Ley, 2016. 322 p.

GOMES, Ana Virgínia Moreira; FREITAS JÚNIOR, Antonio Rodrigues de (Orgs.). *A Declaração de 1998 da OIT sobre Princípios e Direitos Fundamentais no Trabalho:* análise de seu significado e efeitos. São Paulo: LTr, 2014. 171 p.

GOMES, Ângela Maria de Castro Gomes. O populismo e as ciências sociais no Brasil: notas sobre a trajetória de um conceito Tempo. *Tempo,* Rio de Janeiro, vol. 1, n. 2, 1996, p. 31-58.

______. D'ARAÚJO, Maria Celina Soares. *Getulismo e Trabalhismo:* tensões e dimensões do Partido Trabalhista Brasileiro. Rio de Janeiro: FGB – CPDOC, 1987. 72 p.

GROSS, James; COMPA, Lance. In: GROSS, James; COMPA, Lance *et. al.* (Orgs.). Introduction. *Human Rights in Labor and Employment Relations* — International and Domestic Perspectives. Champaign — IL: Labor and Employment Relations, 2009, p. 1-12. (LERA Series), 236 p.

GUTIÉRREZ VERA, Daniel. "Ernesto Laclau: El Populismo Y Sus Avatares." *Iconos*: *Publicación De FLACSO-Ecuador*, 40 (2013); p. 151-168.

HACKER, Jacob S. *The Great Risk Shift* — The Assault on American Jobs, Families, Health Care and Retirement AND HOW YOU CAN FIGHT BACK. Oxford: Oxford University Press, 2006; 234 pp.

HALIKIOPOULOU, Daphne. Understanding the far-right populists: focus on their political message. *Social Europe*, may 16th, 2019. Disponível em: <https://socialeurope.eu/far-right-populists>. Acesso em: 26 jan. 2022.

HAN, Byung-Chul. *Sociedade do cansaço.* Tradução Enio Paulo Giachini. Petrópolis: Vozes, 2017. 128 pp.

HEPPLE, Bob. Equality at Work. In: HEPPLE, Bob; VENEZIANI, Bruno (Eds.). *The Transformation of Labour Law in Europe* — A Comparative Study of 15 Countries – 1945 – 2004. Oxford – Portland: Hart Publishing, 2004. p. 129-164.

HOUAISS, Antônio. VILLAR, Mauro de Salles. *Dicionário Houaiss da Língua Portuguesa.* 1. ed. Rio de Janeiro: Objetiva, 2009. 1986 p.

IANNI, Octávio. IANNI, O. *A formação do estado populista na América Latina.* Rio de Janeiro: Civilização Brasileira, 1976. 164 pp.

______. *Teoria da Globalização.* Rio de Janeiro: Civilização Brasileira, 1996. 223 p.

KALLEBERG, Arne; VALLAS, Steven. Probing Precarious Work: Theory, Research, and Politics. In: KALLEBERG, Arne; VALLAS, Steven. (Orgs.). *Precarious Work.* Bingley-UK: Emerald Publishing Limited, 2018. p. 1-32.

KATZ, Lawrence F.; KRUEGER, Alan. *The Rise and Nature of Alternative Work Arrangements in the United States* — 1995-2015. March, 2016. Disponível em: <http://scholar.harvard.edu/files/lkatz/files/katz_krueger_cws_v3.pdf>. Acesso em: 18 jan. 2022.

LACLAU, Ernesto. *On Populist Reason.* London – New York: Verso, 2005. 274 p.

______; MOUFFE, Chantal. *Hegemony and Socialist Strategy* — Towards a Radical Democratic Politics. 2. ed. London – New York: Verso, 2001, de 1985. 198 p.

______; OSORIO, Alejandro; SALAZAR, Mauro. Política, Hegemonía Y Populismo: Diálogos Con Ernesto Laclau. *Revista de Estudios Sociales*, Bogotá, Colombia, 71 (2020), p. 101-106.

LAMOUR, Christian. A RADICAL-RIGHT POPULIST DEFINITION OF CROSS-NATIONAL REGIONALISM IN EUROPE: Shaping Power Geometries at the Regional Scale Beyond State Borders. *INTERNATIONAL JOURNAL OF URBAN AND REGIONAL RESEARCH,* vol. 46, issue 1, jan. 2022, p. 8-25.

LEVITSKY, Steven; ZIBLATT, Daniel. *How Democracies Die.* New York: Crown Publishing, 2018. 312 p.

LOCKWOOD, Matthew.Right-wing populism and the climate change agenda: exploring the linkages. *Environmental Politics*, 2018; 27:4, p. 712-732.

MANOÏLESCO, Mihaïl. *Le Siécle de Corporatisme* — Doctrine de corporatisme intégral et pur. Paris: Librairie Félix Alcan, 1934. 376 p.

______. *Le Parti Unique:* institution politique de régime nouveaux. Paris: Les Ouvres Françaises, 1937. 251 p.

MARAFFI, Marco (a cura di). *La Società Neo-corporativa*. Milano: Il Mulino, 1981. 346 p.

MARTINS, Roberto; SANTIAGO, Oswaldo. *Catarina*. Com registro musical de Carlos Galhardo, 1939. Disponível em: <https://www.com/watch?v=WevF5WrR6Tc>. Acesso em: 22 jan. 2022.

MENDES, Guilherme. Bolsonaro deu sete informações falsas ou distorcidas por dia em 2021 indica Aos Fatos. *Congressoemfoco UOL*, 04 jan. 2022. Disponível em: <https://congressoemfoco.uol.com.br/area/governo/bolsonaro-deu-sete-informacoes-falsas-ou-distorcidas-por-dia-em-2021/>. Acesso em 06 fev. 2022.

MOROZOV, Evgeny. *Big Tech: a ascensão e a morte da política*. Tradução Claudio Marcondes. São Paulo: Ubu Ediora, 2018. 192 p.

MOUNK, Yascha. *The people vs. democracy:* why our freedom is in danger and how to save it. Cambridge, MA: Harvard University Press, 2018. 400 p.

MUDDE, Cas. The populist Zeitgeist. *Government and opposition,* London, 2004, vol. 39 (4), p. 541-536.

MUDDE, Cas; ROVIRA KALTWASSER, Cristóbal. *Populism:* a very short introduction. Oxford: Oxford University Press, 2017. 131 p.

MUSSE, Daniela; VELASCO E CRUZ, André Kaysel. Os populismos de Francisco Weffort. *Revista Brasileira de Ciências Sociais*, vol. 35, n. 104, 2020, p. 1-21.

O'DONNELL, Guillermo. *Modernization and Bureaucratic-Authoritarianism:* Studies in South American Politics. Berkeley: Berkeley University Press, 1973. 219 p. (Politics of Modernization Series, n. 9).

OLIVEIRA, Juscelino Kubitschek de. *Mensagem ao Congresso Nacional remetida pelo Presidente da República por ocasião da abertura da Sessão Legislativa de 1956*. Rio de Janeiro: Departamento de Imprensa Nacional, 1956. 201 p.

ORGANIZAÇÃO INTERNACIOANL DO TRABALHO. *ILO Declaration Concerning the Aims and Purposes of The International Labour Organisation*. Adopted by The Conference at its Twenty-Sixth Session Philadelphia. 10 may 1944. Disponível em: <https://www.ilo.org/wcmsp5/groups/public/---dgreports/---dcomm/documents/normativeinstrument/wcms_698995.pdf>. Acesso em: 12 jan. 2020.

PESSOA, Fernando. *Mensagem*. Rio de Janeiro: Nova Aguilar, 1976. 260 p.

POLANYI, Karl. *The Great Transformation.* Boston: Beacon Press, 2001; originally published: New York: Farrar & Rinehart, 1944, reprinted in 1957 by Beacon Press in Boston, 317 p.

PRASSL, Jeremias. *Humans As A Service* — The Promise and Perils of Work in the Gig Economy. Oxford: Oxford University Press, 2018. 199 p.

RENNÓ, Lucio; AVRITZER, Leonardo; CARVALHO, Priscila. Entrenching right-wing populism under covid-19: denialism, social mobility, and government evaluation in Brazil. *Revista Brasileira de Ciência Política,* 2021, n. 36, p. 1-29.

RETAMOZO, Martín. La Teoría Del Populismo de Ernesto Laclau: Una Introducción. *Estudios Políticos*, Mexico, 41.41, 2017, p. 157-184.

RICÚPERO, Bernardo. O Bonapartismo, o Fascismo e o Bolsonarismo. *Boletim Lua Nova*, 2021. Disponível em: <https://boletimluanova.org/notas-sobre-o-bonapartismo-o-fascismo-e-o-bolsonarismo/#_ftn1>. Acesso em: 25 jan. 2022.

ROSANVALLON, Pierre. *Le Siècle du Populisme* — Histoire, théorie, critique. Paris: Seuil, 2020.

SANTOS, Wanderley Guilherme dos. *Cidadania e justiça:* a política social na ordem brasileira. Rio de Janeiro: Campus, 1979. 138 p.

SCHIMITTER, Philippe C. Still The Century of Corporatism? In: PIKE, Frederick and STRITCH, Thomas (Orgs.). *The New Corporatism.* Notre Dame: University of Notre Dame Press, 1974. p. 85-128.

______. Modes of interest intermediations and model of societal change in Western Europe. *Comparative Political Studies,* vol. 10 (1), 1977, p. 35-43.

SILVA, Luis Gustavo Teixeira da; BARON, Letícia. A Noção De Representação Política Em Ernesto Laclau: Populismo e Democracia. *Revista Brasileira De Ciência Política* 36 (2021): Revista Brasileira De Ciência Política, 2021 (36), p. 1-33.

TATIT, Isabel; ROSA, Miriam Debieux. Para não dizer que Freud e Lacan não falaram da solidão. *Revista Psicologia e Saúde,* v. 5, n. 2, jul./dez. 2013, p. 136-143.

VIANNA, Luís Werneck. *Liberalismo e sindicato no Brasil.* 2. ed. Rio de Janeiro: Paz e Terra, 1978. 288 p.

VIEIRA, Evaldo. *Autoritarismo e corporativismo no Brasil:* Oliveira Vianna & Companhia. 2. ed., da primeira de 1976 intitulada "Oliveira Vianna e o estado corporativo". São Paulo: Cortez, 1981. 149 p.

WALDRON, Jeremy. Is the Rule of Law an essentially contested concept (in Florida)? *Law and Philosophy,* mar. 2002, p. 137-164.

WEIL, David. *The Fissured Workplace — Why Work Became So Bad for So Many and What can Be Done to Improve it.* Cambridge – London: Harvard University Press, 2014. 410 p.

WEFFORT, Francisco. *O populismo na política brasileira.* 2. ed. Rio de Janeiro: Paz e Terra, 1980, de 1878; 181p. (Série Estudos Brasileiros, n. 25).

______. Democracia e movimento operário: algumas questões para a história do período de 1945-1964. *Revista de Cultura Política,* ano I, n. 1, jul. 1978, p. 7-13.

5.1. Referências reunindo em tabelas de achados os resultados das buscas bibliográficas sobre populismo na Europa, a partir das bases-de-dados *Hein Online*; Capes-periódicos; Capes-Teses e Sibbi: conforme mencionado em destaque no tópico "1.3. A estratégia metodológica" — *in fine*

Hein Online

Título	Autor	Data	*Link*
Deconsolidation of Liberal Democracy in the Baltic States. The Issue of Compliance with the EU Standards at Institutional and Value Levels	Khoma, Nataliia; Kokoriev, Oleksii	2021	https://heinonline.org/HOL/Page?public=true&handle=hein.journals/rojaeuf21&div=7&start_page=39&collection=journals&set_as_cursor=1&men_tab=srchresults
Socialization Trouble. European Populist States and Compliance with Human Rights Norms	Tacik, Przemyslaw	2021	https://heinonline.org/HOL/Page?public=true&handle=hein.journals/revue34&div=5&start_page=39&collection=journals&set_as_cursor=2&men_tab=srchresults
Abusive Judicial Review: Courts against Democracy	Landau, David; Dixon, Rosalind	2020	https://heinonline.org/HOL/Page?public=true&handle=hein.journals/davlr53&div=29&start_page=1313&collection=usjournals&set_as_cursor=9&men_tab=srchresults
Democracy under Siege: The Populist Factor in the Contemporary Crisis of Constitutional Democracies	Ciaralli, Carlo Alberto	2020	https://heinonline.org/HOL/Page?public=true&handle=hein.journals/itajpul12&div=28&start_page=400&collection=journals&set_as_cursor=10&men_tab=srchresults
Rhetorical Devices in Political Speeches: Nigel Farage's Speeches at the European Parliament	Abdel-Hafiz Hussein, Ahmed Sokarno	2020	https://heinonline.org/HOL/Page?public=true&handle=hein.journals/techssj7&div=11&start_page=107&collection=journals&set_as_cursor=16&men_tab=srchresults
The Pandemic and Political Order	Fukuyama, Francis	2020	https://heinonline.org/HOL/Page?public=true&handle=hein.journals/fora99&div=97&start_page=26&collection=journals&set_as_cursor=0&men_tab=srchresults
The Role of Institutional Design in Preventing Constitutional Decline: The Radically Different Approaches in Germany and France	Grote, Rainer	2020	https://heinonline.org/HOL/Page?public=true&handle=hein.journals/constudi6&div=9&start_page=107&collection=usjournals&set_as_cursor=2&men_tab=srchresults

Título	Autor	Data	*Link*
Integration of Beneficiaries of International Protection	Carciumaru, Razvan-Dacian; Chipea, Florica	2020	https://heinonline.org/HOL/Page?public=true&handle=hein.journals/oradea2020&div=8&start_page=31&collection=journals&set_as_cursor=4&men_tab=srchresults
Should We Teach (a Bit of) U.S. Civil Procedure in the European Law Schools?	Cavallini, Cesare; Gaboardi, Marcello.	2020	https://heinonline.org/HOL/Page?public=true&handle=hein.journals/cjlj2&div=8&start_page=109&collection=usjournals&set_as_cursor=5&men_tab=srchresults
Antitrust Populism: Towards a Taxonomy	Wright, Joshua; Portuese, Aurelien.	2020	https://heinonline.org/HOL/Page?public=true&handle=hein.journals/stabf25&div=7&start_page=131&collection=usjournals&set_as_cursor=7&men_tab=srchresults
The Post-Brexit EU as a Global Actor: Reconsidering Security	Naumescu, Valentin	2020	https://heinonline.org/HOL/Page?public=true&handle=hein.journals/rojaeuf20&div=6&start_page=21&collection=journals&set_as_cursor=11&men_tab=srchresults
Analysis of the Effect of Organizational Structure and Culture on Refugee Problem and Pandemic Crisis Management with Artistic Expression	Akkoyun, Bulent; Uyar, Saime	2020	https://heinonline.org/HOL/Page?public=true&handle=hein.journals/techssj9&div=57&start_page=596&collection=journals&set_as_cursor=12&men_tab=srchresults
Backpack Refugee Rights Advocating in Greece – Access to Justice through Legal Empowerment	Manhart, Magnus	2020	https://heinonline.org/HOL/Page?public=true&handle=hein.journals/windyrbaj37&div=5&start_page=68&collection=usjournals&set_as_cursor=13&men_tab=srchresults
Braving Waves and Sailing Forward with Resolve	Yi, Wang	2020	https://heinonline.org/HOL/Page?public=true&handle=hein.journals/chintersd80&div=5&start_page=14&collection=journals&set_as_cursor=14&men_tab=srchresults
Wars and Ways of Deosmanization of the Balkans (1912-1923)	Bandzovic, Safet	2020	https://heinonline.org/HOL/Page?public=true&handle=hein.journals/htjskp3&div=5&start_page=7&collection=journals&set_as_cursor=16&men_tab=srchresults
Nation Dreaming: A Consideration of the American Dream in Poland, the U.S., and among Polish Americans	Hanson, Sandra L.; White, John K.	2020	https://heinonline.org/HOL/Page?public=true&handle=hein.journals/ijsoctu8&div=49&start_page=82&collection=usjournals&set_as_cursor=17&men_tab=srchresults

Título	Autor	Data	*Link*
Political Extremism and Separatism: Brief Review and Analysis of Studies	Medvedev, Nikolay P.; Slizovskiy, Dmitry E.; Jawad, Hafizullah; Madingue, Randah; Hoang Oanh, Nguyen Thi	2020	https://heinonline.org/HOL/Page?public=true&handle=hein.journals/jpola13&div=39&start_page=144&collection=journals&set_as_cursor=21&men_tab=srchresults
Contextualizing Anti-Immigrant Attitudes of East Europeans	Bandelj, Nina; Gibson, Christopher W.	2020	https://heinonline.org/HOL/Page?public=true&handle=hein.journals/rveurost12&div=30&start_page=32&collection=journals&set_as_cursor=26&men_tab=srchresults
European Social Model: A New Paradigm of Social State Development	Gaydamaka, Viktoriya Aleksandrovna	2020	https://heinonline.org/HOL/Page?public=true&handle=hein.journals/proble150&div=25&start_page=313&collection=journals&set_as_cursor=29&men_tab=srchresults
Framing EU Constitutional Time: A Future-Oriented Theory of Constitutional Change for the EU	Fichera, Massimo	2020	https://heinonline.org/HOL/Page?public=true&handle=hein.journals/jintcl7&div=23&start_page=409&collection=journals&set_as_cursor=31&men_tab=srchresults
Medicine and Law: The Covid-19 Pandemic: A Time Capsule of the First 6 Months: An International Perspective	Sandor, Judit	2020	https://heinonline.org/HOL/Page?public=true&handle=hein.covidcol/medlwcovid0001&div=12&start_page=191&collection=covidcol&set_as_cursor=37&men_tab=srchresults
Rhetorical Devices in Political Speeches: Nigel Farage's Speeches at the European Parliament	Abdel-Hafiz Hussein, Ahmed Sokarno	2020	https://heinonline.org/HOL/Page?public=true&handle=hein.journals/techssj7&div=11&start_page=107&collection=journals&set_as_cursor=39&men_tab=srchresults
Global Varieties of Capitalism	Feldmann, Magnus	2019	https://heinonline.org/HOL/Page?public=true&handle=hein.journals/wpot71&div=9&start_page=162&collection=journals&set_as_cursor=0&men_tab=srchresults
The Two Faces of Populism: Between Authoritarian and Democratic Populism	Bugaric, Bojan	2019	https://heinonline.org/HOL/Page?public=true&handle=hein.journals/germlajo20&div=28&start_page=390&collection=journals&set_as_cursor=0&men_tab=srchresults

Título	Autor	Data	*Link*
Law Enforcement Responses to Violent Extremism in Greece	Phelps, Matthew; Kudlacek, Dominic; Karatrantos, Triantafyllos; Theofilopoulos, Vasileios	2019	https://heinonline.org/HOL/Page?public=true&handle=hein.journals/elerb18&div=8&start_page=39&collection=journals&set_as_cursor=2&men_tab=srchresults
The Future of Human Rights Law in the United Kingdom	Amos, Merris	2019	https://heinonline.org/HOL/Page?public=true&handle=hein.journals/jintcl6&div=8&start_page=87&collection=journals&set_as_cursor=3&men_tab=srchresults
Populism, Authoritarianism and Constitutionalism	Halmai, Gabor	2019	https://heinonline.org/HOL/Page?public=true&handle=hein.journals/germlajo20&div=22&start_page=296&collection=journals&set_as_cursor=18&men_tab=srchresults
Diplomacy and Democracy: Twentieth-Century Lessons for the Future of the Diplomatic Craft	Lisiecka-Zurowska, Joanna	2019	https://heinonline.org/HOL/Page?public=true&handle=hein.journals/forwa43&div=8&start_page=29&collection=journals&set_as_cursor=4&men_tab=srchresults
The Guardians and the Watchdogs: The Framing of Politics, Partisanship and Qualification by Selected Newspapers during the 2018-2019 Slovak Constitutional Court Appointment Process	Steuer, Max	2019	https://heinonline.org/HOL/Page?public=true&handle=hein.journals/prvobz102&div=74&start_page=34&collection=journals&set_as_cursor=5&men_tab=srchresults
Power to the People: The Rise of Referenda in Poland and the United Kingdom	Wojcik, Malwina Anna	2019	https://heinonline.org/HOL/Page?public=true&handle=hein.journals/qmlj10&div=7&start_page=69&collection=journals&set_as_cursor=6&men_tab=srchresults
The Illiberal Abuse of Constitutional Courts in Europe	Castillo-Ortiz, Pablo	2019	https://heinonline.org/HOL/Page?public=true&handle=hein.journals/euroclv15&div=7&start_page=48&collection=journals&set_as_cursor=10&men_tab=srchresults
Threat to Multilateralism of Global Financial System	Dijmarescu, Eugen	2019	https://heinonline.org/HOL/Page?public=true&handle=hein.journals/rojaeuf19&div=7&start_page=35&collection=journals&set_as_cursor=11&men_tab=srchresults

Título	Autor	Data	*Link*
How a World Order Ends: And What Comes in Its Wake	Haass, Richard	2019	https://heinonline.org/HOL/Page?public=true&handle=hein.journals/fora98&div=7&start_page=22&collection=journals&set_as_cursor=13&men_tab=srchresults
Referendumul: Intre Utilitate si Populism	Domsa, Alexandru	2019	https://heinonline.org/HOL/Page?public=true&handle=hein.journals/curiju2019&div=68&start_page=271&collection=journals&set_as_cursor=14&men_tab=srchresults
The Outlooks of Using the European Populists Experience in the Development of Political Parties in the Post-Soviet Space	Irina S., Amiantova; Natalia V., Mikhaylova	2019	https://heinonline.org/HOL/Page?public=true&handle=hein.journals/jpola12&div=59&start_page=31&collection=journals&set_as_cursor=16&men_tab=srchresults
Comparison of Human Rights Values between the East and the West – Summary of the 2019 China-Europe Seminar on Human Rights	Li, Let; Teng, Rui	2019	https://heinonline.org/HOL/Page?public=true&handle=hein.journals/jrnlhmch18&div=58&start_page=695&collection=journals&set_as_cursor=17&men_tab=srchresults
The Constitutional Dimension of Democracy within a Democratic Society	Bilancia, Francesco	2019	https://heinonline.org/HOL/Page?public=true&handle=hein.journals/itajpul11&div=5&start_page=8&collection=journals&set_as_cursor=21&men_tab=srchresults
Can Democracies Tackle Illiberal and Inward-Looking Drives	Daianu, Daniel	2019	https://heinonline.org/HOL/Page?public=true&handle=hein.journals/rojaeuf19&div=5&start_page=5&collection=journals&set_as_cursor=22&men_tab=srchresults
Deliberative Democracy under the Influence of Populist Current	Nemtoi, Gabriela	2019	https://heinonline.org/HOL/Page?public=true&handle=hein.journals/ejlpa6&div=45&start_page=236&collection=journals&set_as_cursor=29&men_tab=srchresults
The Future of the EU27	Fabbrini, Federico	2019	https://heinonline.org/HOL/Page?public=true&handle=hein.journals/ejls11&div=40&start_page=305&collection=journals&set_as_cursor=31&men_tab=srchresults
Blood for Soil: The Fatal Temptations of Ethnic Politics	Cederman, Lars-Erik	2019	https://heinonline.org/HOL/Page?public=true&handle=hein.journals/fora98&div=35&start_page=61&collection=journals&set_as_cursor=35&men_tab=srchresults

Título	Autor	Data	*Link*
The Challenge of Institutionalisation: Post-Communist Transitions, Populism, and the Rule of Law	Krygier, Martin	2019	https://heinonline.org/HOL/Page?public=true&handle=hein.journals/euroclv15&div=34&start_page=544&collection=journals&set_as_cursor=36&men_tab=srchresults
The Broken Bargain: How Nationalism Came Back	Snyder, Jack	2019	https://heinonline.org/HOL/Page?public=true&handle=hein.journals/fora98&div=34&start_page=54&collection=journals&set_as_cursor=37&men_tab=srchresults
Populist Counter-Constitutionalism, Conservatism, and Legal Fundamentalism	Blokker, Paul	2019	https://heinonline.org/HOL/Page?public=true&handle=hein.journals/euroclv15&div=33&start_page=519&collection=journals&set_as_cursor=38&men_tab=srchresults
Rule of Law, New Technologies and Cyberpopulism	Bolzan de Morais, Jose Luis; Lobo, Edilene	2019	https://heinonline.org/HOL/Page?public=true&handle=hein.journals/rvjusdire33&div=32&start_page=89&collection=journals&set_as_cursor=39&men_tab=srchresults
The Populist Turn in Central and Eastern Europe: Is Deliberative Democracy Part of the Solution	Suteu, Silvia	2019	https://heinonline.org/HOL/Page?public=true&handle=hein.journals/euroclv15&div=32&start_page=488&collection=journals&set_as_cursor=40&men_tab=srchresults
Narratives and Normativity: Totalitarianism and Narrative Change in the European Legal Tradition after World War II	Tuori, Kaius	2019	https://heinonline.org/HOL/Page?public=true&handle=hein.journals/lawhst37&div=32&start_page=605&collection=usjournals&set_as_cursor=42&men_tab=srchresults
When Anti-Politics becomes Political: What Can the Italian Five Star Movement Tell Us about the Relationship between Populism and Legalism	Corso, Lucia	2019	https://heinonline.org/HOL/Page?public=true&handle=hein.journals/euroclv15&div=31&start_page=462&collection=journals&set_as_cursor=43&men_tab=srchresults
The European and Russian Far Right as Political Actors: Comparative Approach	Ekaterina, Ivanova; Andrey, Kinyakin; Sergey, Stepanov	2019	https://heinonline.org/HOL/Page?public=true&handle=hein.journals/jpola12&div=30&start_page=86&collection=journals&set_as_cursor=44&men_tab=srchresults
The Divided West and the Rising East	Monshipouri, Mahmood; Dorraj, Manochehr	2019	https://heinonline.org/HOL/Page?public=true&handle=hein.journals/isudijo15&div=30&start_page=1&collection=journals&set_as_cursor=45&men_tab=srchresults

Título	Autor	Data	*Link*
The Twin Challenges to Separation of Powers in Central Europe: Technocratic Governance and Populism	Kosar, David; Baros, Jiri; Dufek, Pavel	2019	https://heinonline.org/HOL/Page?public=true&handle=hein.journals/euroclv15&div=30&start_page=427&collection=journals&set_as_cursor=46&men_tab=srchresults
Why Nationalism Works: And Why It Isn't Going Away	Wimmer, Andreas	2019	https://heinonline.org/HOL/Page?public=true&handle=hein.journals/fora98&div=30&start_page=27&collection=journals&set_as_cursor=47&men_tab=srchresults
Mass Incarceration Paradigm Shift: Convergence in an Age of Divergence	Jouet, Mugambi	2019	https://heinonline.org/HOL/Page?public=true&handle=hein.journals/jclc109&div=25&start_page=703&collection=usjournals&set_as_cursor=53&men_tab=srchresults
Shunning and Seeking Membership: Rethinking Citizenship Regimes in the European Constitutional Space	Shaw, Jo	2019	https://heinonline.org/HOL/Page?public=true&handle=hein.journals/globc8&div=25&start_page=425&collection=journals&set_as_cursor=54&men_tab=srchresults
The Complacency of Legality: Constitutionalist Vulnerabilities to Populist Constituent Power	Scholtes, Julian	2019	https://heinonline.org/HOL/Page?public=true&handle=hein.journals/germlajo20&div=25&start_page=351&collection=journals&set_as_cursor=55&men_tab=srchresults
Understanding the Politics of Resentment: Of the Principles, Institutions, Counter-Strategies, Normative Change, and the Habits of Heart	Koncewicz, Tomasz Tadeusz	2019	https://heinonline.org/HOL/Page?public=true&handle=hein.journals/ijgls26&div=24&start_page=501&collection=usjournals&set_as_cursor=56&men_tab=srchresults
Executive Primacy, Populism, and Public Law	Cane, Peter	2019	https://heinonline.org/HOL/Page?public=true&handle=hein.journals/pacrimlp28&div=23&start_page=527&collection=journals&set_as_cursor=58&men_tab=srchresults
Extremism as a Factor of Systemic Dynamics of Common Security and Defense Policy during the Migratory Crisis	Stekic, Nenad Z.	2019	https://heinonline.org/HOL/Page?public=true&handle=hein.journals/zborrado53&div=19&start_page=285&collection=journals&set_as_cursor=61&men_tab=srchresults
Is Post-1945 Europe an Aberration?	Dempsey, Judy	2019	https://heinonline.org/HOL/Page?public=true&handle=hein.journals/geojaf20&div=19&start_page=102&collection=usjournals&set_as_cursor=63&men_tab=srchresults

Título	Autor	Data	*Link*
Soft Power & Global Ambition: The Case of China's Growing Reach in Europe	Ishmael, Len	2019	https://heinonline.org/HOL/Page?public=true&handle=hein.journals/forwa43&div=19&start_page=201&collection=journals&set_as_cursor=64&men_tab=srchresults
Building Environmental Rights in the European Union	Jozwiak, Joseph	2019	https://heinonline.org/HOL/Page?public=true&handle=hein.journals/gjil22&div=18&start_page=69&collection=journals&set_as_cursor=65&men_tab=srchresults
International Courts and Democratic Backsliding	Ginsburg, Tom	2019	https://heinonline.org/HOL/Page?public=true&handle=hein.journals/eclawq46&div=17&start_page=111&collection=usjournals&set_as_cursor=66&men_tab=srchresults
The Transnational Drivers of Populist Backlash in Europe: The Role of Courts	Pin, Andrea	2019	https://heinonline.org/HOL/Page?public=true&handle=hein.journals/germlajo20&div=16&start_page=225&collection=journals&set_as_cursor=68&men_tab=srchresults
The Realpolitik of Modern Populism: Ludwig von Rochau's View on Power and Consensus	Car, Ronald	2019	https://heinonline.org/HOL/Page?public=true&handle=hein.journals/giordi38&div=15&start_page=173&collection=journals&set_as_cursor=69&men_tab=srchresults
The European Citizens' Initiative: Too Much Democracy for EU Polity	Longo, Erik	2019	https://heinonline.org/HOL/Page?public=true&handle=hein.journals/germlajo20&div=14&start_page=181&collection=journals&set_as_cursor=71&men_tab=srchresults
The Re-Emergence of Partisan Effects on Social Spending after the Global Financial Crisis	McManus, Ian P.	2019	https://heinonline.org/HOL/Page?public=true&handle=hein.journals/jcmks57&div=132&start_page=1274&collection=usjournals&set_as_cursor=72&men_tab=srchresults
Democratic Rule of Law State	Jouanjan, Olivier	2019	https://heinonline.org/HOL/Page?public=true&handle=hein.journals/splitu56&div=13&start_page=87&collection=journals&set_as_cursor=73&men_tab=srchresults
Double Trouble: Trump, Transatlantic Relations and European Strategic Autonomy	Aggestam, Lisbeth; Hyde-Price, Adrian	2019	https://heinonline.org/HOL/Page?public=true&handle=hein.journals/jcmks57&div=121&start_page=114&collection=usjournals&set_as_cursor=74&men_tab=srchresults

Título	Autor	Data	*Link*
Global Economic Constitutionalism and the Future of Global Trade	Afilalo, Ari; Patterson, Dennis	2019	https://heinonline.org/HOL/Page?public=true&handle=hein.journals/upjiel40&div=12&start_page=323&collection=journals&set_as_cursor=77&men_tab=srchresults
Sailing through Troubled Waters and towards Someplace	Exadaktylos, Theofanis; Guerrina, Roberta; Massetti, Emanuele	2019	https://heinonline.org/HOL/Page?public=true&handle=hein.journals/jcmks57&div=112&start_page=5&collection=usjournals&set_as_cursor=78&men_tab=srchresults
Cross-National Solidarity and Political Sustainability in the EU after the Crisis	Ferrera, Maurizio; Burelli, Carlo	2019	https://heinonline.org/HOL/Page?public=true&handle=hein.journals/jcmks57&div=11&start_page=94&collection=usjournals&set_as_cursor=79&men_tab=srchresults
The Legitimacy of the European Human Rights Regime – A View from the United Kingdom	Gyorfi, Tamas	2019	https://heinonline.org/HOL/Page?public=true&handle=hein.journals/globc8&div=11&start_page=123&collection=journals&set_as_cursor=80&men_tab=srchresults
Effective Court Administration and Professionalism of Judges as Necessary Factors Safeguarding the Mother of Justice – The Right to a Fair Trial	Simonis, Mindaugas	2019	https://heinonline.org/HOL/Page?public=true&handle=hein.journals/ijca10&div=10&start_page=47&collection=usjournals&set_as_cursor=82&men_tab=srchresults
Rethinking Social Resistance through the Consolidating Politics of Humanitarian Populism in Mytilene, Greece	Alexandrakis, Othon	2019	https://heinonline.org/HOL/Page?public=true&handle=hein.journals/ijgls26&div=10&start_page=173&collection=usjournals&set_as_cursor=83&men_tab=srchresults
Introduction – Public Law and Populism	Dixon, Rosalind	2019	https://heinonline.org/HOL/Page?public=true&handle=hein.journals/germlajo20&div=10&start_page=125&collection=journals&set_as_cursor=84&men_tab=srchresults
The Refugee Crisis, Brexit and the Rise of Populism: Major Obstacles to the European Integration Process	Modebadze, Valeri	2019	https://heinonline.org/HOL/Page?public=true&handle=hein.journals/jlia5&div=10&start_page=86&collection=journals&set_as_cursor=86&men_tab=srchresults

Capes – Periódicos

Título	Autor	Data	*Link*
The European Tale of Downfall (and Survival).	Sadecka, Agnieszka.	2021	https://www.researchgate.net/publication/356411080_The_European_Tale_of_Downfall_and_Survival
Do populist parties support referendums? A comparative analysis of election manifestos in Europe	Gherghina, Sergiu; Pilet, Jean-Benoit	2020	https://www.sciencedirect.com/science/article/pii/S0261379421001311
Investigating Italian disinformation spreading on Twitter in the context of 2019 European elections	Pierri, Francesco; Artoni, Alessandro; Ceri, Stefano Zollo, Fabiana	2020	https://www-periodicos-capes-gov-br.ezl.periodicos.capes.gov.br/index.php/buscador-primo.html
The EU's New Normal: Consolidating European Integration in an Era of Populism and Geo-Economics	Christiansen, Thomas	2021	https://onlinelibrary.wiley.com/doi/abs/10.1111/jcms.13106
European populist radical right leaders' foreign policy beliefs: An operational code analysis	Özdamar, Özgür	2020	https://journals.sagepub.com/doi/10.1177/1354066119850254
Populism versus Technocracy? Populist Responses to the Technocratic Nature of the EU	Reiser, Marion; Hebenstreit,Jörg	2020	https://www.cogitatiopress.com/politicsandgovernance/article/view/3361
'Love Europe, hate the EU': A genealogical inquiry into populists' spatio-cultural critique of the European Union and its consequences	Glencross, Andrew	2020	https://journals.sagepub.com/doi/10.1177/1354066119850242
Strategies of right populists in opposing gender equality in a polarized European Parliament	Kantola, Johanna	2021	https://journals.sagepub.com/doi/full/10.1177/0192512120963953
Populism as a Problem of Social Integration	Gidron, Noam	2020	https://journals.sagepub.com/doi/abs/10.1177/0010414019879947
(De-)legitimating Differentiated (Dis) integration in the European Union: Between Technocratic and Populist Narratives	Cianciara, A.K	2021	https://www.jcer.net/index.php/jcer/article/view/1179/895

Título	Autor	Data	*Link*
The Limits of EUropean Legitimacy: On Populism and Technocracy. Introduction to the Special Issue	Foster, Russell; Grzymski, Jan; Brusenbauch Meislová, Monika	2021	https://www.jcer.net/index.php/jcer/article/view/1237
Italian discontent and right-wing populism: determinants, geographies, patterns	Di Matteo, Dante; Mariotti, Ilaria	2021	https://rsaiconnect.onlinelibrary.wiley.com/doi/full/10.1111/rsp3.12350
Populism, Neoliberalism and Agrarian Movements in Europe. Understanding Rural Support for Right-Wing Politics and Looking for Progressive Solutions	Mamonova, Natalia; Franquesa, Jaume	2020	https://onlinelibrary-wiley.ez67.periodicos.capes.gov.br/doi/full/10.1111/soru.12291
Right-Wing Populism in Rural Europe. Introduction to the Special Issue	Mamonova, Natalia; Franquesa, Jaume	2020	https://onlinelibrary-wiley.ez67.periodicos.capes.gov.br/doi/full/10.1111/soru.12306
The Potentials and Difficulties of Transnational Populism: The Case of the Democracy in Europe Movement 2025 (DiEM25)	De Cleen, Benjamin; Moffitt, Benjamin; Panayotu, Panos; Stavrakakis, Yannis	2020	https://web-s-ebscohost.ez67.periodicos.capes.gov.br/ehost/detail/detail?vid=0&sid=5dab7ae5-18a7-4a48-9a59-f52f316144f7%40redis&bdata=Jmxhbmc9cHQtYnlmc2l0ZT1laG9zdC1saXZl#AN=141341149&db=aph
POPULISMOS Y SOBERANISMOS VERSUS UNIÓN EUROPEA	Rodomonte, Maria Grazia	2019	http://revistas.uned.es/index.php/derechopolitico/index
Exposition to xenophobic content and support for right-wing populism: The asymmetric role of gender	Álvarez-Benjumea, Amalia	2020	https://www-sciencedirect.ez67.periodicos.capes.gov.br/science/article/pii/S0049089X20300788
Illiberal Cultural Christianity? European Identity Constructions and Anti-Muslim Politics	Hennig, Anja; Hidalgo, Oliver Fernando	2021	https://www.mdpi.com/2077-1444/12/9/774
The European Parliament after the 2019 Elections: Testing the Boundaries of the 'Cordon Sanitaire'	Ripoll Servent, Ariadna	2019	https://jcer.net/index.php/jcer/article/view/1121
Abusing Constitutional Identity	Scholtes, Julian	2021	https://www.cambridge.org/core/journals/german-law-journal/article/abusing-constitutional-identity/65ABF04377192ADF0BFB445C53FC002F

Título	Autor	Data	*Link*
Resources, values, identity: Young cosmopolitans and the referendum on British membership of the European Union	Ehsan, Rakib; James, Sloam	2020	https://academic.oup.com/pa/article-abstract/73/1/46/5126405
Alliance between Putin and European Far-Right: Where Does the Convergence of Interests Lead?	Arridu, Veronica; Molis, Arūnas	2019	https://journals.lka.lt/journal/lasr/article/175/info
Who voted for Brexit? Individual and regional data combined	Alabrese, Eleonora; Becker, Sascha O.; Fetzer, Thiemo; Novy, Dennis	2019	https://www-sciencedirect.ez67.periodicos.capes.gov.br/science/article/pii/S0176268018301320
Party Politics and Radical Right Populism in the European Parliament: Analysing Political Groups as Democratic Actors	Kantola, Johanna; Miller, Cherry	2021	https://onlinelibrary-wiley.ez67.periodicos.capes.gov.br/doi/full/10.1111/jcms.13181
The Declining Middle: Occupational Change, Social Status, and the Populist Right	Kurer, Thomas	2020	https://journals.sagepub.com/doi/abs/10.1177/0010414020912283?journalCode=cpsa
The Pushback Against Populism: Reclaiming the Politics of Emotion	Kuisz, Jaroslaw; Wigura, Karolina	2020	http://www.press.jhu.edu.ez67.periodicos.capes.gov.br/journals/journal_of_democracy/
Euroscepticism between Populism and Technocracy: The Case of Italian Lega and Movimento 5 Stelle	Zappettini, Franco; Maccaferri, Marzia	2021	https://www.jcer.net/index.php/jcer/article/view/1184
Together, but Still Separated? Migration Policy in the V4 countries	Glied, Viktor; Zamecki, Lukask	2021	https://www.sciendo.com/article/10.2478/pce-2021-0027
Negative and Engaged: Sentiments towards the 2016 Migrant Quota Referendum in Hungarian Online Media	Tóth, János	2021	https://capes-primo.ez67.periodicos.capes.gov.br/primo-explore/fulldisplay?docid=TN_cdi_crossref_primary_10_1177_0888325420915954&context=PC&vid=CAPES_V3&lang=pt_BR&search_scope=default_scope&adaptor=primo_central_multiple_fe&tab=default_tab&query=sub,contains,european,AND&query=sub,contains,populism,AND&facet=rtype,include,articles&facet=tlevel,include,peer_reviewed&facet=searchcreationdate,include,2019%7C,%7C2021&mode=advanced&pfilter=dr_s,exact,20190101,AND&pfilter=dr_e,exact,20221231,AND&offset=10

Título	Autor	Data	*Link*
The tandem of populism and Euroscepticism: a comparative perspective in the light of the European crises	Kneuer, Marianne	2019	https://www-tandfonline.ez67.periodicos.capes.gov.br/doi/full/10.1080/21582041.2018.1426874
Regionally-structured explanations behind area-level populism: An update to recent ecological analyses	Beecham, Roger; Williams, Nick; Comber, Alexis; Murray, Gregg R	2020	https://journals.plos.org/plosone/article?id=10.1371/journal.pone.0229974
Resentment and Coping With the Democratic Dilemma	Cells, Karen; Knops, Louise; Van Ingelgom, Virginie; Verhaegen, Soetkin	2021	https://www.cogitatiopress.com/politicsandgovernance/article/view/4026
Towards an Antifederalist Theory of the EU: Democratic Federal Lessons for the European Union	Jörke, Dirk	2020	https://papers.ssrn.com/sol3/papers.cfm?abstract_id=3606533
The Noble or Sour Wine: European Commission's Competing Discourses on the Main CAP Reforms	Erjavec, Karmen; Erjavec, Emil	2020	https://onlinelibrary-wiley.ez67.periodicos.capes.gov.br/doi/full/10.1111/soru.12300
Interviewing a right-wing populist leader during the 2019 EU elections: Conflictual situations and equivocation beyond borders	Lamour, Christian	2021	https://capes-primo.ez67.periodicos.capes.gov.br/primo-explore/fulldisplay?docid=TN_cdi_hal_shs_oai_HAL_hal_03136517v1&context=PC&vid=CAPES_V3&lang=pt_BR&search_scope=default_scope&adaptor=primo_central_multiple_fe&tab=default_tab&query=sub,contains,european,AND&query=sub,contains,populism,AND&facet=rtype,include,articles&facet=tlevel,include,peer_reviewed&facet=searchcreationdate,include,2019%7C,%7C2021&mode=advanced&pfilter=dr_s,exact,20190101,AND&pfilter=dr_e,exact,20221231,AND&offset=20
Faith no more? The divergence of political trust between urban and rural Europe	Mitsch, Frieder; Lee, Neil	2021	https://www-sciencedirect.ez67.periodicos.capes.gov.br/science/article/pii/S096262982100086X
**THE REFUGEE CRISIS, BREXIT AND THE RISE OF POPULISM: MAJOR OBSTACLES TO THE EUROPEAN INTEGRATION PROCESS	Modebadze, Valeri	2020	https://e-jlia.com/index.php/jlia

Título	Autor	Data	*Link*
Development Policy under Fire? The Politicization of European External Relations	Hackenesh, Christine; Bergmann, Julian	2021	https://onlinelibrary-wiley.ez67.periodicos.capes.gov.br/doi/full/10.1111/jcms.13145
COVID-19 and European carcerality: Do national prison policies converge when faced with a pandemic?	Zeveleva, Olga; Nazif-Munoz, José Ignacio	2021	https://link.ez67.periodicos.capes.gov.br/sfxlcl41?ctx_ver=Z39.88-2004&c-tx_enc=info:ofi/enc:UTF-8&ctx_tim=-2022-02-11T09%3A27%3A02IST&url_ver=Z39.88-2004&url_ctx_fmt=infofi/fmt:kev:mtx:ctx&rfr_id=info:sid/primo.exli-brisgroup.com:primo3-Article-crossref&rft_val_fmt=info:ofi/fmt:kev:mtx:journal&rft.genre=article&rft.atitle=COVID-19%20and%20European%20carcerality:%20Do%20national%20prison%20policies%20converge%20when%20faced%20with%20a%20pandemic?&rft.jtitle=Punish-ment%20%26%20society&rft.au=Zeve-leva,%20Olga&rft.date=2021-03-24&rft.spage=146247452110020&rft.pages=-146247452110020-&rft.issn=1462-4745&rft.eissn=1741-3095&rft_id=info:-doi/10.1177/14624745211002011&s-vc_val_fmt=info:ofi/fmt:kev:m-tx:sch_svc&rft_dat=%3Ccrossre-f%3E10_1177_14624745211002011%3C/crossref%3E%3Cgrp_id%3Ecdi_FETCH--LOGICAL-c189t-7288f4a6e6ba81033fff-616645da4d740b189c6b36474dc4f44e-944b314002583%3C/grp_id%3E%3Co-a%3E%3C/oa%3E%3Curl%3E%3C/ur-l%3E&rft_id=info:oai/&svc.fulltext=yes&req.language=por&rft_id=info:pmid/
EU Policies and Populist Radical Right Parties' Programmatic Claims: Foreign Policy, Anti-discrimination and the Single Market	Falkner, Gerda	2020	https://onlinelibrary.wiley.com/doi/full/10.1111/jcms.12963
Illiberal Democracy and the Struggle on the Right	Plattner, Marc F	2019	https://www-periodicos-capes-gov-br.ez67.periodicos.capes.gov.br/index.php/buscador-primo.html
Return of the Nation-State? De-Europeanisation and the Limits of Neo-Nationalism	Delanty, Gerard	2021	https://www.jcer.net/index.php/jcer/article/view/1180
Introduction: Populism and feminist politics	Kantola, Joahnna; Lombardo, Emanuela	2021	https://journals.sagepub.com/doi/abs/10.1177/0192512120972609

Título	Autor	Data	*Link*
Veridiction and Leadership in Transnational Populism: The Case of DiEM25	Fanoulis, Evangelos; Guerra, Simona	2020	https://www.cogitatiopress.com/politicsandgovernance/article/view/2539
Employment shocks and anti-EU sentiment	Lechler, Marie	2019	https://www-sciencedirect.ez67.periodicos.capes.gov.br/science/article/pii/S0176268018301460
Changes in local context and electoral support for the populist radical right: Evidence from Finland	Patana, Pauliina	2020	https://capes-primo.ez67.periodicos.capes.gov.br/primo-explore/fulldisplay?docid=TN_cdi_crossref_primary_10_1177_1354068818810283&context=PC&vid=CAPES_V3&lang=pt_BR&search_scope=default_scope&adaptor=primo_central_multiple_fe&tab=default_tab&query=sub,contains,european,AND&query=sub,contains,populism,AND&facet=rtype,include,articles&facet=tlevel,include,peer_reviewed&facet=searchcreationdate,include,2019%7C,%7C2021&mode=advanced&pfilter=dr_s,exact,20190101,AND&pfilter=dr_e,exact,20221231,AND&offset=30
Conclusions: What future for the Treaty of Lisbon?	Ripoll, Ariadna	2021	https://revistas.ucm.es/index.php/POSO/article/view/72661
How Can EU Law Respond to Populism?	Dawson, Marc	2020	https://academic-oup-com.ez67.periodicos.capes.gov.br/ojls/article/40/1/183/5801220
The 2019 EU Elections: Moving the Center	Mudde, Cas	2019	https://capes-primo.ez67.periodicos.capes.gov.br/primo-explore/fulldisplay?docid=TN_cdi_crossref_primary_10_1353_jod_2019_0066&context=PC&vid=CAPES_V3&lang=pt_BR&search_scope=default_scope&adaptor=primo_central_multiple_fe&tab=default_tab&query=sub,contains,european,AND&query=sub,contains,populism,AND&facet=rtype,include,articles&facet=tlevel,include,peer_reviewed&facet=searchcreationdate,include,2019%7C,%7C2021&mode=advanced&pfilter=dr_s,exact,20190101,AND&pfilter=dr_e,exact,20221231,AND&offset=30

Título	Autor	Data	*Link*
Embedding integration: How European integration splits mainstream parties	Whitefield, Stephen; Rohrschneider, Robert; Rovny, Jan	2019	https://capes-primo.ez67.periodicos.capes.gov.br/primo-explore/fulldisplay?docid=TN_cdi_crossref_primary_10_1177_1354068818816976&context=PC&vid=CAPES_V3&lang=pt_BR&search_scope=default_scope&adaptor=primo_central_multiple_fe&tab=default_tab&query=sub,contains,european,AND&query=sub,contains,populism,AND&facet=rtype,include,articles&facet=tlevel,include,peer_reviewed&facet=searchcreationdate,include,2019%7C,%7C2021&mode=advanced&pfilter=dr_s,exact,20190101,AND&pfilter=dr_e,exact,20221231,AND&offset=30
Islamist and Nativist Reactionary Radicalisation in Europe	Kaya, Ayhan	2021	https://www.cogitatiopress.com/politicsandgovernance/article/view/3877
Mass media and border securitization in Europe: Investigating the metropolitan "Mediapolis" in an era of right-wing populism	Lamour, Christian	2019	https://www.tandfonline.com/doi/abs/10.1080/07352166.2018.1448227?journalCode=ujua20
The East of the West, or the West of the East? Attitudes toward the European Union and European Integration in Poland after 2008	Konieczna-Salamatin, Joanna; Sawicka, Maja	2021	https://capes-primo.ez67.periodicos.capes.gov.br/primo-explore/fulldisplay?docid=TN_cdi_crossref_primary_10_1177_0888325420926633&context=PC&vid=CAPES_V3&lang=pt_BR&search_scope=default_scope&adaptor=primo_central_multiple_fe&tab=default_tab&query=sub,contains,european,AND&query=sub,contains,populism,AND&facet=rtype,include,articles&facet=tlevel,include,peer_reviewed&facet=searchcreationdate,include,2019%7C,%7C2021&mode=advanced&pfilter=dr_s,exact,20190101,AND&pfilter=dr_e,exact,20221231,AND&offset=30
The nation as the cradle of nationalism and patriotism	Hroch, Miroslav	2020	https://onlinelibrary.wiley.com/doi/abs/10.1111/nana.12538
Both sides of the line: Stuart Hall and new ethnicities, then and now	Cohen, Phil	2019	https://www.researchgate.net/publication/334705542_Both_Sides_of_the_Line_Stuart_Hall_and_New_Ethnicities_then_and_now

Título	Autor	Data	*Link*
What is new and what is nationalist about Europe's new nationalism? Explaining the rise of the far right in Europe	Halikiopoulou, Daphne; Vlandas, Tim	2019	https://onlinelibrary-wiley.ez67.periodicos.capes.gov.br/doi/full/10.1111/nana.12515
Paradise Lost: Explaining Populism as a Response to the Fragmentary Nature of Time, Space, and the Rapid Pace of Technological Advancement	Vrhoci, Dora	2019	https://revistadebats.net/index.php/debats
On the Socio-Cultural Determinants of Polish Entrepreneurs' Attitudes towards the Development of Renewable Energy: Business, Climate Skepticism Ideology and Climate Change	Żuk, Piotr; Żuk, Pawel	2021	https://www.mdpi.com/1996-1073/14/12/3418
Not so right after all? Making sense of the progressive rhetoric of Europe's far-right parties	Duina, Francesco	2020	https://journals.sagepub.com/doi/full/10.1177/0268580919881862
Deaths of Despair and Brexit Votes: Cross-Local Authority Statistical Analysis in England and Wales	Koltai, Jonathan; Varchetta, Francesco Maria; McKee, Martin; Stuckler, David	2020	https://pubmed.ncbi.nlm.nih.gov/31855481/
The Impact of Brexit on EU Trade Policy	De Ville, Ferdi; Siles-Brügge, Gabriel	2019	https://www.cogitatiopress.com/politicsandgovernance/article/view/2102
Responding to "populist" politics at EU level: Regulation 1141/2014 and beyond	Morijn, John	2019	https://academic.oup.com/icon/article/17/2/617/5523748
Populist Radical Right Parties in Europe: What Impact Do they Have on Development Policy?	Bergmann, Julian; Hackenesch, Christine; Stockmer, Daniel	2021	https://onlinelibrary-wiley.ez67.periodicos.capes.gov.br/doi/full/10.1111/jcms.13143
Territory, geoeconomics and power politics: The Irish government's framing of Brexit	Holden, Patrick	2020	https://www-sciencedirect.ez67.periodicos.capes.gov.br/science/article/pii/S0962629818301069

Título	Autor	Data	*Link*
Boris Johnson's Conservatism: an insurrection against political reason?	Schwarz, Bill	2019	https://go-gale.ez67.periodicos.capes.gov.br/ps/i.do?ty=as&v=2.1&u=capes&it=Dlourl&s=RELEVANCE&p=AONE&qt=SP%7E12%7E%7EIU%7E73%7E%7ESN%7E1362-6620%7E%7EVO%7E73&lm=DA%7E120190000&sw=w
Beyond rural idyll? Social imaginaries, motivations and relations in Polish alternative food networks	Goszczyńsk, Wojciech; Wróblewski, Michał	2019	https://www-sciencedirect.ez67.periodicos.capes.gov.br/science/article/pii/S0743016719305686
Populism and extremism: The immediate political challenges to Europeanism	Corbet, Shaen; Larkin, Charles	2019	https://www-sciencedirect.ez67.periodicos.capes.gov.br/science/article/pii/S0016718518303270
Contestation over Development Policy in the European Parliament	Raunio, Tapio; Wagner, Wolfgang	2021	https://onlinelibrary-wiley.ez67.periodicos.capes.gov.br/doi/full/10.1111/jcms.13138
Vox España and Alternative für Deutschland: Propagating the Crisis of National Identity	Gould, Robert	2019	https://www.mdpi.com/2313-5778/3/4/64
Investigating Visual Content Shared over Twitter during the 2019 EU Parliamentary Election Campaign	Marchai, Nahema; Neudert, Lisa-Maria; Kollanyi, Bence; Howard, Philip N	2021	https://www.cogitatiopress.com/mediaandcommunication/article/view/3421
Trend towards extreme right-wing populism on Twitter. An analysis of the influence on leaders, media and users	Pérez-Curiel, Concha	2020	https://revistas.unav.edu/index.php/communication-and-society/article/view/39139
Can European human rights instruments limit the power of the national state to punish? A tale of two Europes	Cliquennois, Gaëtan	2021	https://journals.sagepub.com/doi/abs/10.1177/1477370820980354
The 2019 Elections and the Future Role of the European Parliament: Upsetting the Institutional Balance?	Cannizzaro, Enzo	2019	https://www.europeanpapers.eu/en/e-journal/2019-elections-and-future-role-european-parliament-upsetting-institutional-balance
Radical left parties, counter-hegemony and the EU	Charalambous, Giorgos	2019	https://muse.jhu.edu/article/742554

Título	Autor	Data	*Link*
Identity and immigration: what we think we know, and why we might not actually know it	Wright, Matthew	2019	https://onlinelibrary.wiley.com/doi/abs/10.1111/nana.12518
The young generation as the vanguard of democratic change in Central Europe	Poniedziałek, Jacek	2020	https://www.sciendo.com/article/10.12775/eec.2020.007
The transnational drivers of populist backlash in Europe: The role of courts	Pin, Andrea	2019	https://www.cambridge.org/core/journals/german-law-journal/article/transnational-drivers-of-populist-backlash-in-europe-the-role-of-courts/43517F800FB140AC7A2D7F9AFFCAF4EE
Partisan consequences of low turnout at elections to the European Parliament	Remer Bollow, Uwe	2019	https://www.sciencedirect.com/science/article/abs/pii/S0261379418300957
Immigration in the populist crucible: comparing Brexit and Trump	Joppke, Christian	2020	https://comparativemigrationstudies.springeropen.com/articles/10.1186/s40878-020-00208-y
Divided by the Rainbow: Culture War and Diffusion of Paleoconservative Values in Contemporary Poland	Bobrowicz, Ryszard; Nowak, Mattias	2021	https://www.mdpi.com/2077-1444/12/3/170
Innovation policy and international relations: directions for EU diplomacy	Leijten, Jos	2019	https://eujournalfuturesresearch.springeropen.com/articles/10.1186/s40309-019-0156-1
New waves of anti-sexual and reproductive health and rights strategies in the European Union: the anti-gender discourse in Hungary	Vida, Bianka	2019	https://www.tandfonline.com/doi/full/10.1080/26410397.2019.1610281
ELECTORAL AND CITIZEN'S VIEW ON EUROSCEPTICISM IN TRANSITIONAL SOCIETY: THE CASE OF THE CZECH REPUBLIC	Haydanka, Yevheniy	2020	https://rnp-primo.hosted.exlibrisgroup.com/permalink/f/vsvpiv/TN_cdi_proquest_journals_2474920273
Understanding the Politics of Resentment: of the Principles, Institutions, Counter-Strategies, Normative Change, and the Habits of Heart	Koncewicz, Tomasz Tadeusz	2019	https://www.repository.law.indiana.edu/ijgls/vol26/iss2/5/

Título	Autor	Data	*Link*
The European Citizens' initiative: too much democracy for EU polity?	Longo, Erik	2019	https://www.cambridge.org/core/journals/german-law-journal/article/european-citizens-initiative-too-much-democracy-for-eu-polity/02346D1C2C5A740B58BB020BD2B70C5E
The Habermas-Streeck debate revisited: Syriza and the illusions of the left-Europeanism	Šumonja, Miloš	2019	https://journals.sagepub.com/doi/abs/10.1177/0309816818815257
CURRENT CHALLENGES TO THE EU INTEGRATION POLICY	PIPCHENKO, Nataliya; MAKARENKO, Ievgeniia; RYZHKOV, Mykola	2019	https://rnp-primo.hosted.exlibrisgroup.com/permalink/f/vsvpiv/TN_cdi_proquest_journals_2382630478
What Attitudes Toward Refugees Do Future European Teachers Have? A Comparative Analysis between France and Spain	Soriano, Encarnación; Cala, Verónica C	2019	https://www.mdpi.com/2071-1050/11/11/3066
Presidential speeches and the online politics of belonging: Affective-discursive positions toward refugees in Finland and Estonia	Ojala, Markus	2019	https://journals.sagepub.com/doi/abs/10.1177/1367549418823059
Is Post-1945 Europe an Aberration?	Dempsey, Judy	2019	https://muse.jhu.edu/article/741040/pdf
El paradís perdut: el populisme explicat com a resposta a la naturalesa fragmentària del temps, l'espai i la rapidesa de l'avanç tecnològic	Vrhoci, Dora	2019	https://redib.org/Record/oai_articulo3136356-el-parad%C3%ADs-perdut-el-populisme-explicat-com-a-resposta-a-la-naturalesa-fragment%C3%A0ria-del-temps-l%27espai-i-la-rapidesa-de-l%27avan%C3%A7-tecnol%C3%B2gic
Parties in the 'twilight zone': Beyond first and second-order elections for the 2019 European Parliament elections in Spain	Rubio, Raquel Vega; Oleart, Alvaro; Raube, Kolja	2021	https://www.jcer.net/index.php/jcer/issue/view/68
Introduction to the 2018 ASEN Conference Themed Section	Halikiopoulou, Daphne	2019	https://www.researchgate.net/publication/332227739_Introduction_to_the_2018_ASEN_Conference_Themed_Section
Inclusion of People in Decision-Making: The New Challenges	Tsekeris, Charalambos; Demertzis, Nicolas	2021	https://hrcak.srce.hr/252682

Título	Autor	Data	*Link*
A Population Health Perspective on the Trump Administration, Brexit, and Right-Wing Populism in Europe	Gugushvili, Alexi	2020	https://ajph.aphapublications.org/doi/10.2105/AJPH.2019.305535
An explanation of the divisions in Czech society since 2013 – postRokkan conflict lines?	Svoboda, Daniel	2019	https://www.ceeol.com/search/article-detail?id=818928

Capes – Teses

Referências
LINS, RODRIGO GALVAO PINHO. CHEGOU PARA FICAR? Uma análise de sobrevivência das democracias, 1900-2015' 28/02/2020 undefined f. Doutorado em CIÊNCIA POLÍTICA Instituição de Ensino: UNIVERSIDADE FEDERAL DE PERNAMBUCO, Recife Biblioteca Depositária: biblioteca central UFPE
KOMATA, NICANOR BARRY. A ascensão do populismo nas democracias contemporâneas' 17/06/2020 177 f. Doutorado em DIREITO Instituição de Ensino: UNIVERSIDADE DE SÃO PAULO, São Paulo Biblioteca Depositária: Biblioteca da Faculdade de Direito da Universidade de São Paulo
SALIS, ANDRE ULYSSES DE. O SILÊNCIO DO LESTE: REFUGIADOS DO STALINISMO NO PARANÁ' 24/08/2020 234 f. Doutorado em HISTÓRIA Instituição de Ensino: PONTIFÍCIA UNIVERSIDADE CATÓLICA DE SÃO PAULO, São Paulo Biblioteca Depositária: PUC/SP
FERREIRA, VANESSA CAPISTRANO. Tribunal Europeu dos Direitos Humanos: uma análise a partir das perspectivas de inclusão e do reconhecimento das diferenças identitárias' 26/03/2019 252 f. Doutorado em RELAÇÕES INTERNACIONAIS (UNESP – UNICAMP – PUC-SP) Instituição de Ensino: UNIVERSIDADE ESTADUAL PAULISTA JÚLIO DE MESQUITA FILHO (MARÍLIA), São Paulo Biblioteca Depositária: Sede do Programa e UNESP -Campus de Marília
SANTOS, IGOR RAFAEL TORRES. Em nome do pai: religião, política e os caminhos da democracia no Brasil' 31/08/2021 undefined f. Doutorado em GEOGRAFIA Instituição de Ensino: UNIVERSIDADE FEDERAL DE MINAS GERAIS, Belo Horizonte Biblioteca Depositária: undefined
SILVEIRA, RAFAEL BERNARDO. PARLAMENTO DO MERCOSUL: GÊNESE, AVANÇOS, RECUOS E A INFLUÊNCIA NA SUPERESTRUTURA DO MERCOSUL' 19/07/2021 416 f. Doutorado em GEOGRAFIA Instituição de Ensino: UNIVERSIDADE FEDERAL DE SANTA CATARINA, Florianópolis Biblioteca Depositária: Biblioteca Central da UFSC
CRUZ, ELIAS FELIPE DE SOUZA. A CORTE EUROPEIA DE DIREITOS HUMANOS (CEDH) E AS LIBERDADES INDIVIDUAIS NO PÓS GUERRA FRIA: Nacionalismos e democracias numa Europa em reinvenção' 28/08/2019 117 f. Doutorado em CIÊNCIAS SOCIAIS Instituição de Ensino: UNIVERSIDADE FEDERAL DE JUIZ DE FORA, Juiz de Fora Biblioteca Depositária: undefined
SOUZA, PAULO ROBERTO ELIAS DE. A HIPÓTESE PODEMOS: PARTIDOS-MOVIMENTO COMO PARADIGMA DA POLÍTICA CONTEMPORÂNEA' 07/10/2019 234 f. Doutorado em Ciências Humanas e Sociais Instituição de Ensino: UNIVERSIDADE FEDERAL DO ABC, Santo André Biblioteca Depositária: UFABC
GOMES, ALINE BURNI PEREIRA. GOVERNMENT AGENDA UNDER ELECTORAL PRESSURE: THE IMPACT OF RADICAL RIGHT PARTIES ON IMMIGRATION POLICIES IN WESTERN EUROPEAN DEMOCRACIES (1980-2010)' 10/06/2019 190 f. Doutorado em CIÊNCIA POLÍTICA Instituição de Ensino: UNIVERSIDADE FEDERAL DE MINAS GERAIS, Belo Horizonte Biblioteca Depositária: undefined

Referências
CUNHA, YURI RODRIGUES DA. "Por Deus e pela minha família, eu voto sim": a crise do lulo-petismo e os fundamentos da República Evangélica' 18/02/2020 286 f. Doutorado em CIÊNCIAS SOCIAIS Instituição de Ensino: UNIVERSIDADE ESTADUAL PAULISTA JÚLIO DE MESQUITA FILHO (MARÍLIA), Marília Biblioteca Depositária: UNESP, Campus de Marília
MOIZINHO, LUZELIA CALEGARI SANTOS. Ensaios sobre trajetória do câmbio, investimento direto estrangeiro e crescimento econômico no Leste Europeu e no Brasil' 20/02/2020 146 f. Doutorado em ECONOMIA Instituição de Ensino: UNIVERSIDADE FEDERAL DE UBERLÂNDIA, Uberlândia Biblioteca Depositária: Universidade Federal de Uberlândia
MAUAD, ROGERIO PAULUCCI. A política de compra de dívida corporativa do Banco Central Europeu e o seu impacto na emissão de capital próprio ' 25/07/2019 142 f. Doutorado em ADMINISTRAÇÃO DE EMPRESAS Instituição de Ensino: UNIVERSIDADE PRESBITERIANA MACKENZIE, São Paulo Biblioteca Depositária: GEORGE ALEXANDER
BRAGA, LEONARDO MARMONTEL. A POLÍTICA DA UNIÃO EUROPEIA DIANTE DA SUPOSTA CRISE MIGRATÓRIA' 27/08/2020 347 f. Doutorado em Estudos Estratégicos Internacionais Instituição de Ensino: UNIVERSIDADE FEDERAL DO RIO GRANDE DO SUL, Porto Alegre Biblioteca Depositária: Faculdade de Ciências Econômicas – UFRGS
TREVISAN, LEONARDO SIMCHEN. JURISDIÇÃO CONSTITUCIONAL COMO REPRESENTAÇÃO ARGUMENTATIVA: CONTRIBUTO PARA A DETERMINAÇÃO, EM BASES TEÓRICO-DISCURSIVAS, DA JUSTIFICAÇÃO E DOS LIMITES DO CONTROLE JUDICIAL DE CONSTITUCIONALIDADE NO REGIME DEMOCRÁTICO ' 28/08/2020 194 f. Doutorado em DIREITO Instituição de Ensino: UNIVERSIDADE FEDERAL DO RIO GRANDE DO SUL, Porto Alegre Biblioteca Depositária: Biblioteca da Faculdade de Direito/UFRGS
SCHAHIN, MARCOS RENATO. O meio ambiente sociocultural e os principais desafios na proteção às pessoas refugiadas ' 22/09/2021 139 f. Doutorado em DIREITO Instituição de Ensino: UNIVERSIDADE CATÓLICA DE SANTOS, Santos Biblioteca Depositária: Universidade Católica de Santos – UNISANTOS
NETO, ANGELO GIROTTO. A ONDA CONSERVADORA E AS ELEIÇÕES DE 2018 NO BRASIL' 23/11/2020 131 f. Doutorado em CIÊNCIAS SOCIAIS Instituição de Ensino: UNIVERSIDADE FEDERAL DO RIO GRANDE DO NORTE, Natal Biblioteca Depositária: BDTD-UFRN
VIEGAS, OTAVIO MACEDO. A União Europeia na Governança Global: uma análise das negociações com os BRICS e o GCC' 26/04/2019 243 f. Doutorado em RELAÇÕES INTERNACIONAIS Instituição de Ensino: UNIVERSIDADE DE SÃO PAULO, São Paulo Biblioteca Depositária: IRI-USP
JUNIOR, JAIME FERNANDO DOS SANTOS. REVOLUÇÃO E HISTÓRIA: TEMPO, MUDANÇA E CONTINUIDADE NA INGLATERRA MODERNA' 09/12/2019 200 f. Doutorado em HISTÓRIA Instituição de Ensino: UNIVERSIDADE FEDERAL DO RIO GRANDE DO SUL, Porto Alegre Biblioteca Depositária: BIBCSH
PIRES, TIAGO. VADE RETRO SATANA: O projeto teológico-político de retomada do exorcismo na Itália (1980-2013)' 08/05/2020 217 f. Doutorado em HISTÓRIA Instituição de Ensino: UNIVERSIDADE ESTADUAL DE CAMPINAS, Campinas Biblioteca Depositária: Biblioteca Digital da Unicamp
MARIE, SOLENE ADELINE. At the centre of the edge: the development of cross-border cultural networks in border cities between Brazil and Uruguay and France and Germany' 03/06/2020 603 f. Doutorado em RELAÇÕES INTERNACIONAIS Instituição de Ensino: UNIVERSIDADE DE BRASÍLIA, Brasília Biblioteca Depositária: BCE
FLORES, ALFREDO MONTELONGO. A DEEP LEARNING FRAMEWORK FOR CONTINGENT LIABILITIES RISK MANAGEMENT: PREDICTING BRAZILIAN LABOR COURT DECISIONS' 18/06/2021 128 f. Doutorado em ADMINISTRAÇÃO Instituição de Ensino: UNIVERSIDADE FEDERAL DO RIO GRANDE DO SUL, Porto Alegre Biblioteca Depositária: lume.ufrgs.br

Referências
SEMER, MARCELO. Sentenciando tráfico: pânico moral e estado de negação formatando o papel dos juízes no grande encarceramento' 19/03/2019 535 f. Doutorado em DIREITO Instituição de Ensino: UNIVERSIDADE DE SÃO PAULO, São Paulo Biblioteca Depositária: Faculdade de Direito da USP
NETO, RENATO THOMAZ BORGES. Between Nation and Civilisation: A Study of the Nation-State in World Politics and the Origins of Latin American Western Identity' 28/09/2021 239 f. Doutorado em RELAÇÕES INTERNACIONAIS Instituição de Ensino: UNIVERSIDADE DO ESTADO DO RIO DE JANEIRO, Rio de Janeiro Biblioteca Depositária: undefined
NASCIMENTO, CRISTIANNE FONSECA PEREIRA. O ALCANCE DA INTERPRETAÇÃO DE SENTENÇAS DA CORTE INTERAMERICANA DE DIREITOS HUMANOS QUANTO À APLICAÇÃO DA LEIDE ANISTIA: CASOS BRASIL, CHILE E PERU' 04/12/2020 144 f. Doutorado em DIREITO Instituição de Ensino: PONTIFÍCIA UNIVERSIDADE CATÓLICA DE MINAS GERAIS, Belo Horizonte Biblioteca Depositária: PUC Minas
TAVOLARI, BIANCA MARGARITA DAMIN. As origens da juridificação: teoria crítica e direito' 29/03/2019 326 f. Doutorado em DIREITO Instituição de Ensino: UNIVERSIDADE DE SÃO PAULO, São Paulo Biblioteca Depositária: Faculdade de Direito da USP
GIMENEZ, MARIA JULIA. Navegar no Atlântico contra a maré: a Fundación Internacional para la Libertad e a agenda liberal ofensiva na América Latina (2002-2016)' 06/08/2021 306 f. Doutorado em CIÊNCIA POLÍTICA Instituição de Ensino: UNIVERSIDADE ESTADUAL DE CAMPINAS, Campinas Biblioteca Depositária: biblioteca digital
MONTEIRO, MARCELO BALLOTI. A INTEGRAÇÃO EUROPEIA DIANTE DAS CRISES FINANCEIRAS DO INÍCIO DO SÉCULO XXI ' 05/04/2021 204 f. Doutorado em CIÊNCIAS SOCIAIS Instituição de Ensino: UNIVERSIDADE ESTADUAL PAULISTA JÚLIO DE MESQUITA FILHO (MARÍLIA), Marília Biblioteca Depositária: Unesp, Faculdade de Filosofia e Ciências, Marilia
WOLF, PAULO JOSE WHITAKER. O projeto de integração regional e os Estados de Bem-Estar Social da Europa Ocidental: análise do período recente (2008-2016)' 27/02/2019 undefined f. Doutorado em CIÊNCIA ECONÔMICA Instituição de Ensino: UNIVERSIDADE ESTADUAL DE CAMPINAS, Campinas Biblioteca Depositária: Unicamp
SEABRA, RAFAEL HEYNEMANN. FORMAÇÃO DOS ESTADOS BRASILEIRO E ARGENTINO NO SÉCULO XIX: GUERRA COMÉRCIO E FINANÇAS FRENTE A EXPERIÊNCIA EUROPEIA' 07/06/2019 155 f. Doutorado em ECONOMIA POLÍTICA INTERNACIONAL Instituição de Ensino: UNIVERSIDADE FEDERAL DO RIO DE JANEIRO, Rio de Janeiro Biblioteca Depositária: Biblioteca Eugênio Gudin
ZANON, PEDRO HENRIQUE NASCIMENTO. A ÉTICA DA TOLERÂNCIA COMO MARCO NO CONSTITUCIONALISMO LATINO – AMERICANO' 13/06/2019 254 f. Doutorado em DIREITO Instituição de Ensino: FACULDADE DE DIREITO DE VITORIA , Vitória Biblioteca Depositária: Biblioteca Professor Renato Pacheco – FDV
SILVA, RONALDO TEIXEIRA DA. O ESPELHO RISCADO DA ESQUERDA POLÍTICA: DA ESQUERDA DA TRADIÇÃO À ESQUERDA DA DIFERENÇA – TRAJETÓRIA E PENSAMENTO' 25/03/2021 223 f. Doutorado em CIÊNCIAS SOCIAIS Instituição de Ensino: UNIVERSIDADE DO VALE DO RIO DOS SINOS, São Leopoldo Biblioteca Depositária: Unisinos
SILVA, VLADMIR LUIS DA. A SOMBRA DE FRIEDRICH ENGELS: PELA REABILITAÇÃO DO PENSAMENTO DE KARL MARX' 03/12/2019 347 f. Doutorado em FILOSOFIA Instituição de Ensino: UNIVERSIDADE FEDERAL DE SÃO PAULO, Guarulhos Biblioteca Depositária: Biblioteca da EFLCH-Unifesp
ANFRA, DOUGLAS ROGERIO. Reforma e evolução: Política e ciência na social-democracia alemã no fim do século XIX' 20/08/2021 416 f. Doutorado em FILOSOFIA Instituição de Ensino: UNIVERSIDADE DE SÃO PAULO, São Paulo Biblioteca Depositária: Biblioteca Central da FFLCH/USP

Referências
MARCO, TAMYRES RAVACHE ALVES DE. ORIGENS DO DESENVOLVIMENTISMO NO PENSAMENTO POLÍTICO BRASILEIRO - AZEVEDO AMARAL UM DESENVOLVIMENTISTA DAS ORIGENS' 27/05/2020 143 f. Doutorado em CIÊNCIA POLÍTICA Instituição de Ensino: UNIVERSIDADE DO ESTADO DO RIO DE JANEIRO, Rio de Janeiro Biblioteca Depositária: CCS-D - UERJ - Biblioteca Wanderley Guilherme dos Santos
RIZZO, MARCELO AUGUSTO PARRILLO. Da politização da economia à economicização da política: uma história do pensamento econômico liberal e neoliberal no Brasil' 23/08/2019 553 f. Doutorado em HISTÓRIA Instituição de Ensino: UNIVERSIDADE FEDERAL DE GOIÁS, Goiânia Biblioteca Depositária: biblioteca central - UFG
SOUSA, BRISA POZZI DE. A noção de assunto e o modelo conceitual Functional Requirements for Subject Authority Data (FRSAD)' 14/05/2019 264 f. Doutorado em CIÊNCIAS DA INFORMAÇÃO Instituição de Ensino: UNIVERSIDADE FEDERAL DE MINAS GERAIS, Belo Horizonte Biblioteca Depositária: Biblioteca Universitária
COSTA, GILDO JOSE DA. A analética de Enrique Dussel e a dialógica de Paulo Freire: em busca dos fundamentos da ética da libertação' 04/12/2019 278 f. Doutorado em FILOSOFIA Instituição de Ensino: PONTIFÍCIA UNIVERSIDADE CATÓLICA DE SÃO PAULO, São Paulo Biblioteca Depositária: PUC-SP
MATOS, FRANCISCO EDUARDO LEMOS DE. Carl Schmitt on the move: The politics of space and the sacrifice of the sea' 13/12/2019 215 f. Doutorado em RELAÇÕES INTERNACIONAIS Instituição de Ensino: PONTIFÍCIA UNIVERSIDADE CATÓLICA DO RIO DE JANEIRO, Rio de Janeiro Biblioteca Depositária: PUC-Rio
KOHLER, CHRISTINA RITA LAILA. UNDERSTANDING THE RISKS, LINKS AND CONSEQUENCES OF CLIMATIC EVENTS, CONFLICT AND MIGRATION: PERCEPTIONS FROM ASYLUM SEEKERS IN GERMANY' 09/07/2019 164 f. Doutorado em DESENVOLVIMENTO SUSTENTÁVEL Instituição de Ensino: UNIVERSIDADE DE BRASÍLIA, Brasília Biblioteca Depositária: REPOSITÓRIO DA BCE DA UnB
MATOS, MONIQUE FERNANDES SANTOS. A INSUFICIENTE PROTEÇÃO DO DIREITO BRASILEIRO AO TRABALHO DECENTE ' 15/03/2019 482 f. Doutorado em DIREITO Instituição de Ensino: CENTRO UNIVERSITÁRIO DE BRASÍLIA, Brasília Biblioteca Depositária: Biblioteca Dr. João Herculino
ALMEIDA, RODRIGO MOREIRA DE. A QUESTÃO DA CONSTITUTIO LIBERTATIS EM HANNAH ARENDT: CAMINHOS PARA UM REPUBLICANISMO FEDERALISTA' 28/05/2020 217 f. Doutorado em FILOSOFIA Instituição de Ensino: UNIVERSIDADE FEDERAL DE MINAS GERAIS, Belo Horizonte Biblioteca Depositária: FAFICH
VASCONCELOS, SUZANE PAES DE. BRICS, SEGURANÇA INTERNACIONAL E CONTRATERRORISMO: um estudo comparativo do comportamento dos seus membros a partir do declarado no BRICS, no IBAS, na SCO e na ONU (CSONU e AGONU).' 30/09/2019 556 f. Doutorado em RELAÇÕES INTERNACIONAIS: POLÍTICA INTERNACIONAL Instituição de Ensino: PONTIFÍCIA UNIVERSIDADE CATÓLICA DE MINAS GERAIS, Belo Horizonte Biblioteca Depositária: PUC Minas - Pe Alberto Antoniazzi

SIBI – Sistema Integrado de Bibliotecas da Universidade de São Paulo – Portal de Busca Integrada

Título	Autor	Data	*Link*
A geografia da direita nacionalista em Portugal: contornos de um processo emergente	Madeira, Paulo Miguel Fernandes; Silva, Katielle Susane do Nascimento; Malheiros, Jorge Silva Macaísta	2021	https://www.scielo.br/j/cm/a/pwf5mpjSBzQww5ZYgrpdMfv/?lang=pt

Título	Autor	Data	*Link*
Populismo, Austeridade e Déficit Democrático	Muniz, Veyzon Campos	2019	https://revistas.unilasalle.edu.br/index.php/redes/article/view/4372
QUANDO NOVOS CONCEITOS ENTRARAM EM CENA: HISTÓRIA INTELECTUAL DO "POPULISMO" E SUA INFLUÊNCIA NA GÊNESE DO DEBATE BRASILEIRO SOBRE MOVIMENTOS SOCIAIS	Szwako, José; Araujo, Ramon	2019	https://www.scielo.br/j/eh/a/wgqXrtdRQQktdBDpBmGZQvC/?lang=pt
As ameaças da Nova Direita na Europa: um balanço das eleições europeias de 2019	Tostes, Ana Paula Balthazar; Thomaz, Carolina Figueiredo; Nunes, Daiane Carvalho da C. F; Lopes, Lorrayne; Moreira, Marcelle; Marques, Natália Marabote; Andrade, Wesley	2019	https://www.e-publicacoes.uerj.br/index.php/neiba/article/view/47068
Populismos nas Américas	Capdevila, Luc; Vergniolle de Chantal, François; Vinel, Jean-Christian	2019	https://journals.openedition.org/ideas/
#paslui: feminismos brasileiros no hexágono europeu	Pelúcio, Larissa; Paz, Diego	2020	https://www.scielo.br/j/ref/a/C7PbSmLJWJb-gzZTJXGbRq8s/?format=pdf&lang=pt

Título	Autor	Data	*Link*
**SOBRE O IMPACTO DAS DECISÕES DO TRIBUNAL EUROPEU DOS DIREITOS HUMANOS NAS INSTITUIÇÕES E NOS SISTEMAS ESTATAIS		2020	https://metalibsfx.aguia.usp.br:3443/sfxlcl41?ctx_ver=Z39.88-2004&ctx_enc=info:ofi/enc:UTF-8&ctx_tim=2022-02-12T12%3A22%3A23IST&url_ver=Z39.88-2004&url_ctx_fmt=infofi/fmt:kev:mtx:ctx&rfr_id=info:sid/primo.exlibrisgroup.com:primo3-Article-gale&rft_val_fmt=info:ofi/fmt:kev:mtx:journal&rft.genre=article&rft.atitle=SOBRE%20O%20IMPACTO%20DAS%20DECISOES%20DO%20TRIBUNAL%20EUROPEU%20DOS%20DIREITOS%20HUMANOS%20NAS%20INSTITUICOES%20E%20NOS%20SISTEMAS%20ESTATAIS%20/ON%20THE%20IMPACT%20OF%20THE%20DECISIONS%20OF%20THE%20EUROPEAN%20COURT%20OF%20HUMAN%20RIGHTS%20ON%20STATE%20INSTITUTIONS%20AND%20SYSTEMS&rft.jtitle=Lex%20humana%20(Petro%CC%81polis,%20RJ,%20Brasil)&rft.au=Correia,%20Pedro%20Miguel%20Alves%20Ribeiro&rft.date=2020-07-01&rft.volume=12&rft.issue=2&rft.spage=46&rft.pages=46-&rft.issn=2175-0947&rft.eissn=2175-0947&rft_id=info:doi/&svc_val_fmt=info:ofi/fmt:kev:mtx:sch_svc&svc.fulltext=yes&rft_dat=%3Cgale%3EA656329669%3C/gale%3E%3Cgrp_id%3Ecdi_FETCH-gale_infotracacademiconefile_A6563296693%3C/grp_id%3E%3Coa%3E%3C/oa%3E%3Curl%3E%3C/url%3E&rft_id=info:oai/&rft_id=info:pmid/&rft_galeid=A656329669
Os partidos políticos em formação no Brasil pós-2013 e a retórica anti-establishment político	Côrtes, Pâmela de Rezende; Oliveira, André Matos de Almeida	2021	https://www.scielo.br/j/op/a/q4TsPpCDdbgQ9WbjbpMTg6f/?lang=pt
La cultura en nom del poble?: Cap a una tipologia del populisme i la cultura	Jansma, Judith	2019	https://revistadebats.net/index.php/debats
Legitimidade democrática e apoio político: inovações recentes no debate internacional	Borba, Julian; Cardoso, Gabriela Ribeiro	2021	https://www.scielo.br/j/op/a/PLJBkZCWMrGLZMZZpCBxvRn/?lang=pt

Título	Autor	Data	*Link*
Estratégias Discursivas do Espírito Nacionalista :a Húngria "de" Viktor Órban	Bastos, Eloisa	2020	https://ojs.letras.up.pt/index.php/re/article/view/10206
Imagens e narrativas do Bolsa Família: análise da retórica da grande imprensa	Leite, Cristiane Kerches da Silva; Fonseca, Francisco César Pinto da; Holanda, Bruna de Morais	2019	https://www.scielo.br/j/rap/a/8VRT5nnQqzy5qHYgBZ76sGt/?lang=pt
Apresentação – Dossiê Paulo Freire e o neoconservadorismo	Romão, José Eustáquio; Da Silva, Maurício Pedro	2020	https://periodicos.uninove.br/eccos/article/view/17092
Reflexiones jurídicas sobre la prohibición de contenidos terroristas en internet	Álvarez Rodríguez, Ignacio	2021	https://dikaion.unisabana.edu.co/index.php/dikaion/article/view/15431
Desigualdad social y políticas públicas: impacto del Covid-19 en España/Desigualdade social e políticas públicas: o impacto da Covid-19 na Espanha/Social inequality and public policies: the impact of Covid-19 in Spain	Oliver, Miguel Angel	2021	https://www.e-publicacoes.uerj.br/index.php/revistaempauta/article/view/60298
O reflexo histórico da escravidão no golpe de 2016	Marcelino, Fabiana Teixeira	2019	https://www2.ifrn.edu.br/ojs/index.php/HOLOS/article/view/9348
As midias digitais como ferramentas de manipulacao de processos eleitorais democraticos: uma analise do caso Brexit/ Los medios digitales como herramientas de manipulacion de procesos electorales democraticos: un analisis del caso Brexit/ Digital Media as a Tool of Manipulation in Democratic Electoral Processes: An Analysis of the Brexit Case	Pinto, Danielle Jacon Ayres; Moraes, Isabela	2020	https://revistas.uniandes.edu.co/doi/10.7440/res74.2020.06

Título	Autor	Data	*Link*
O Neoliberalismo nos Editoriais: o Discurso de O Globo e O Estado de S. Paulo sobre a Previdência Social brasileña/Neoliberalism in Editorials: O Globo and O Estado de S. Paulo 's Discourse on Brazilian Social Security	Araújo, Bruno Bernardo; Campos, Fernanda Safira Soares	2021	https://revistas.ucm.es/index.php/ESMP/article/view/72374
Os benefícios de olhar além das fronteiras	Hauber, Gabriella	2020	https://dx.doi.org/10.21878/compolitica.2020.10.3.465
O Comparative Agendas Project na América Latina: dados e codificação	Shaun Bevan; Anna M. Palau	2020	https://www.scielo.br/j/rap/a/vsZ7wryXTd-dhSwd9MpKgRKP/?format=pdf&lang=pt
Sob o estigma do fundamentalismo: algumas reflexões sobre um conceito controverso	Rocha, Daniel	2020	http://periodicos.pucminas.br/index.php/horizonte/article/view/24126
Superlotação no sistema socioeducativo: uma análise sociológica sobre normativas e disputas no Brasil e na França	Juliana Vinuto; Géraldine Bugnon	2022	https://www.scielo.br/j/soc/a/ZHktHLqhZHPppBLg7KXfzVD/?lang=pt
Aníbal Quijano em seu labirinto: metamorfoses teóricas e utopias políticas	Rubbo, Deni Alfaro	2019	https://www.scielo.br/j/soc/a/DTg67q7DCRQWvCGLQJYVpKt/?lang=pt
Party cues no Brasil? Um teste crucial da capacidade do sistema de partidos brasileiro em influenciar a opinião pública	Gramacho, Wladimir	2021	https://www.scielo.br/j/op/a/n9y7GBvdhcy9FNdJBbPf3Bf/?lang=pt
DIPLOMACIA E POLÍTICA EXTERNA EM MOÇAMBIQUE: O PRIMEIRO GOVERNO PÓS-INDEPENDÊNCIA – SAMORA MACHEL (1975-1986)	Langa, Ercilio Neves Brandão	2021	https://seer.ufrgs.br/rbea/article/view/104413
PASSADO, PRESENTE E FUTURO DE HISTORIA DAS ORGANIZACOES NO BRASIL	De Sa Mello Da Costa, Alessandra; De Pinho Velho Wanderley, Sergio Eduardo	2021	https://www.scielo.br/j/rae/a/9wGxtHxGLxCKxjJvgKDHMNG/?lang=pt

Título	Autor	Data	*Link*
Recolocando a autodeterminacao na equacao? Uma analise da acao coletiva feminista na Europa do Sul/Putting self-determination back into the equation?/ An analysis of feminist collective action in Southern Europe	Santos, Ana Cristina; Pieri, Mara	2021	https://www.e-publicacoes.uerj.br/index.php/revistaempauta/article/view/56089
Territorio numa perspectiva latino-americana	Haesbaert, Rogerio	2020	https://web.p.ebscohost.com/ehost/detail/detail?vid=0&sid=ca425ea3-c4c0-4bc3-a30e-a17a1a01eb57%40redis&bdata=Jmxhbmc9cHQtYnlmc2l0ZT1laG9zdC1saXZl#AN=140720648&db=aph
Lutas democráticas contra o Urstaat: o que pode fazer a educação?	Carvalho, Alexandre Filordi de; Gallo, Sílvio	2020	https://periodicos.sbu.unicamp.br/ojs/index.php/etd/article/view/8654644
Menores fora da lei: um breve recorte histórico sobre a menoridade no contexto jurídico brasileiro: 1890-1940	Pereira, Eder Adriano	2021	https://periodicos.uem.br/ojs/index.php/ActaSciHumanSocSci/article/view/58755
O papel político do jornalismo: As "convicções" da Gazeta do Povo e a produção da notícia	Tavares, Camilla Quesada	2020	https://dx.doi.org/10.21878/compolitica.2020.10.2.324
Padrões de votação no tempo e no espaço: classificando as eleições presidenciais brasileiras	Braga, Maria do Socorro; Zolnerkevic, Aleksei	2020	https://www.scielo.br/j/op/a/WY6b5fPMX5pC3BpjjJPsdyk/?lang=pt
OS DOIS ÍNDIOS ALEGRES. WILCOCK EM AIRA/THE TWO HAPPY INDIANS. WILCOCK IN AIRA	Antelo, Raúl	2021	https://www.scielo.br/j/alea/a/5wFvshkNkC5pz8hdzDPZmVQ/?format=pdf&lang=pt
Pós-verdade: a nova guerra contra os fatos em tempos de fake news	Cruz Junior, Gilson	2019	https://periodicos.sbu.unicamp.br/ojs/index.php/etd/article/view/8652833

Título	Autor	Data	*Link*
DIMENSÕES DA TRADIÇÃO JACKSONIANA NO GOVERNO TRUMP NO ORIENTE MÉDIO	Danilo Porfírio De Castro Vieira; Rafael Rodrigues Miranda	2021	https://metalibsfx.aguia.usp.br:3443/sfxlcl41?ctx_ver=Z39.88-2004&ctx_enc=info:ofi/enc:UTF-8&ctx_tim=2022-02-12T13%3A35%3A01IST&url_ver=Z39.88-2004&url_ctx_fmt=infofi/fmt:kev:mtx:ctx&rfr_id=info:sid/primo.exlibrisgroup.com:primo3-Article-proquest&rft_val_fmt=info:ofi/fmt:kev:mtx:journal&rft.genre=article&rft.atitle=DIMENS%C3%95ES%20DA%20TRADI%C3%87%C3%83O%20JACKSONIANA%20NO%20GOVERNO%20TRUMP%20NO%20ORIENTE%20M%C3%89DIO&rft.jtitle=Lex%20humana%20(Petro%CC%81polis,%20RJ,%20Brasil)&rft.au=Danilo%20Porf%C3%ADrio%20De%20Castro%20Vieira&rft.date=2021-01-01&rft.volume=13&rft.issue=1&rft.spage=23&rft.epage=49&rft.pages=23-49&rft.eissn=2175-0947&rft_id=info:doi/&svc_val_fmt=info:ofi/fmt:kev:mtx:sch_svc&svc.fulltext=yes&rft_dat=%3Cproquest%3E2544914934%3C/proquest%3E%3Cgrp_id%3Ecdi_FETCH-proquest_journals_25449149343%3C/grp_id%3E%3Coa%3E%3C/oa%3E%3Curl%3E%3C/url%3E&rft_id=info:oai/&rft_pqid=2544914934&rft_id=info:pmid/
As vozes insurgentes são feministas	Peixoto, Leonardo Ferreira; Pelúcio, Larissa	2020	https://www.scielo.br/j/ref/a/wNGhVr5dbLq-vMMdf3RnqG7c/?format=pdf&lang=pt
Crise da Democracia? Presente e futuro do Estado-nação	Hamel, Marcio Renan	2021	https://dx.doi.org/10.9732/2021.V123.775
A Lei 10.639/03 como potencial decolonizadora do currículo: tessituras e impasses	Ribeiro, Débora	2019	http://revistas.unisinos.br/index.php/educacao/article/view/edu.2019.232.07/60746960
PODER REGULAMENTAR E PODER NORMATIVO DAS AGENCIAS REGULADORAS: O CASO DA RESOLUCAO No 433/2018 DA AGENCIA NACIONAL DE SAUDE SUPLEMENTAR , THE ADPF 532 AND OTHER DEVELOPMENTS	Bolonha, Carlos; Bonizzato, Luigi; Rodrigues, Tayssa Cristine	2020	https://www.e-publicacoes.uerj.br/index.php/quaestioiuris/article/view/41234

Título	Autor	Data	*Link*
Para Além da Sociologia da Inautenticidade? Um Diálogo com Jessé Souza	Ribeiro, Marcos Abraão	2019	https://www.scielo.br/j/rbcpol/a/xsbPnNVMBLJwL7X77WzknQB/?lang=pt

Abstract

FREITAS JÚNIOR, A. R. **Labor & Employment law and populism: evidence of an unlikely rapprochement.** Tese apresentada como parte dos requisitos do Concurso Público para o provimento do cargo de Professor Titular junto ao Departamento de Direito do Trabalho e da Seguridade Social da Faculdade de Direito da Universidade de São Paulo, conforme Editais FD 09/2019 e FD 01/2022. Faculdade de Direito, Universidade de São Paulo, São Paulo, 2022.

The research discusses the relationship between the demands for updating labor and employment law in Brazil, and the obstacles imposed on them by the marked influence of two political experiences and ideologies identified here as populist. First, the legacy of corporatist populism implanted in Brazil by Vargas is examined, and the signs of its inability to satisfactorily deal with the advance of the precariousness of work and the emergence of new arrangements for labor relations. Among these new arrangements, for example, the on-demand work on digital platforms. On the other hand, liberal-conservative populism, known outside Brazil as far-right populism, is examined in comparison. It shows increasing importance in the 2010s and 2020s with the emergence of conservative political leaders, in the political sphere, and liberal in economic matters. Among these leaders, Donald Trump, Victor Orbán, and Messias Bolsonaro stand out. Vargas' corporatist populism and Bolsonaro's liberal-conservative populism have in common the construction of a binary political logic by which they contrast a virtuous "people" with a corrupt "elite". In this contrast, the "leader" emerges as an arbitral character under whose leadership the "nation" would be elevated to a higher degree. They generally despise the mediation of political representation (parties) and the autonomous representation of interests (unions). In both populist political experiences, there are no room for the promotion of social dialogue, defended by the ILO, in order to make it possible to update labor law in a democratic environment and through negotiated solutions.

Keywords: Populism — Corporatism — Liberal-conservatism — Far-right populism.